经济管理理论与战略研究

李晶晶 冯雪 著

延边大学出版社·延吉

图书在版编目（CIP）数据

经济管理理论与战略研究 / 李晶晶，冯雪著. -- 延吉：延边大学出版社，2024.3
ISBN 978-7-230-06358-6

Ⅰ. ①经… Ⅱ. ①李… ②冯… Ⅲ. ①经济管理—理论研究 Ⅳ. ①F2

中国国家版本馆CIP数据核字（2024）第066431号

经济管理理论与战略研究

著　　者：李晶晶　冯雪
责任编辑：侯琳琳
封面设计：文合文化
出版发行：延边大学出版社
社　　址：吉林省延吉市公园路 977 号　　邮　编：133002
网　　址：http：//www.ydcbs.com　　E-mail：ydcbs@ydcbs.com
电　　话：0433-2732435　　传　真：0433-2732434
印　　刷：廊坊市广阳区九洲印刷厂
开　　本：710 毫米 ×1000 毫米　1/16
印　　张：11.5
字　　数：200 千字
版　　次：2024 年 3 月第 1 版
印　　次：2024 年 3 月第 1 次印刷
书　　号：ISBN 978-7-230-06358-6
定　　价：78.00 元

前 言

随着社会的发展,经济与科技的水平也在不断地提升;与此同时,市场竞争也越来越激烈。在市场经济体制下,传统的管理模式早已满足不了当前的企业发展需求,要想让企业健康地发展,就需要在实际的工作过程中有针对性地对管理模式进行创新与改进,这样才能从根本上实现社会经济的可持续发展。所以,就必须要求新的社会经济管理模式符合当前的发展趋势,通过不断引进并应用先进的科学技术来推进我国社会经济的发展。

随着现代科技与经济的不断进步与发展,经济管理走向现代化模式早已是大势所趋。但要想真正地落实现代化管理却并不是一件容易的事情,它是需要处在一种循序渐进的模式下的,同时也要确保在现代化的道路上坚持创新,通过不断改进对策来抓住目前经济发展的新特征,把握住新时代发展的形势与脉搏。这样才能从根本上提升现代化的经济管理水平,才能更好地为人民群众服务。

本书从经济管理领域的基础理论入手,结合案例,深入地介绍了经济管理目标与经济管理环境、经济管理体制、宏观经济管理相关理论的演进;系统地分析了绿色经济管理、对外贸易经济管理,以及经济管理战略的意义、内容和类型等相关内容;同时聚焦于智慧经济时代的特征,深入探讨了大数据、模块化等先进技术在经济管理中的应用及重要性,旨在为经济管理者和研究者提供前瞻性的建议和指导。

目 录

第一章 经济管理基础理论 ……………………………………… 1
　　第一节　经济管理的含义与意义 ……………………………… 1
　　第二节　经济管理的内容与模式 ……………………………… 5
　　第三节　经济管理的性质与原则 ……………………………… 14
　　第四节　经济管理的类型与方法 ……………………………… 15
　　第五节　经济管理的现代化 …………………………………… 20

第二章 经济管理目标与经济管理环境 ………………………… 36
　　第一节　经济管理目标概述 …………………………………… 36
　　第二节　经济管理目标制定 …………………………………… 45
　　第三节　经济管理环境概述 …………………………………… 52
　　第四节　经济管理环境分析 …………………………………… 55

第三章 宏观经济管理 …………………………………………… 62
　　第一节　宏观经济总量平衡 …………………………………… 63
　　第二节　宏观经济的周期性波动 ……………………………… 65
　　第三节　对宏观经济的监督 …………………………………… 75
　　第四节　宏观经济管理的主体 ………………………………… 77
　　第五节　宏观经济管理目标 …………………………………… 83

第四章 绿色经济管理 …………………………………………… 87
　　第一节　绿色经济概述 ………………………………………… 87
　　第二节　绿色经济管理模式 …………………………………… 95

I

第三节　绿色经济指标体系 …………………………………… 100
第五章　对外贸易经济管理 ………………………………………… 105
　　第一节　实行对外开放与发展开放型经济 …………………… 105
　　第二节　对外贸易经济效益 …………………………………… 110
　　第三节　对外贸易经济调控 …………………………………… 122
第六章　经济管理战略 ……………………………………………… 125
　　第一节　经济管理战略的意义与内容 ………………………… 125
　　第二节　经济管理战略的确定 ………………………………… 130
　　第三节　经济管理战略的类型 ………………………………… 133
第七章　经济管理战略的模式 ……………………………………… 138
　　第一节　动态复杂环境下的企业战略 ………………………… 138
　　第二节　长尾战略 ……………………………………………… 150
　　第三节　大数据战略 …………………………………………… 156
　　第四节　模块化战略 …………………………………………… 163
参考文献 ……………………………………………………………… 172

第一章　经济管理基础理论

经济管理与我们的生活密切相关。探析经济管理的基础理论，明确经济管理的相关内容，可以为我们更清晰地了解经济管理奠定良好的基础。本章从多方面重点论述经济管理基础理论的内容。

第一节　经济管理的含义与意义

一、经济管理的含义

对于"管理"，管理学家已经从不同的角度下过许多定义。有的从责任的角度给管理下定义：管理是工作于某一事业机构或某一产业的员工对工作的责任、对工作伙伴的责任，以及他们对雇主等方面的责任。有的从职能的角度把管理定义为：管理，就是实行计划、组织、指挥、协调和控制。有的从决策的角度下定义：决策和管理二词几近同义，管理就是决策。有的则从过程的角度把管理定义为：一个为了达到同一目标而协调集体所做努力的过程。这些定义虽然不无道理，但它们只是从一个或几个方面具体地展示了管理的特征，因而不能揭示管理的普遍意义和本质。而要真正揭示管理的普遍意义和本质，就必须从人与世界的角度来把握管理。同样，经济管理学也是这么一种状态。经济管理是经济主体对经济活动的运筹与控制。在社会生活中，管理活动无处不在，其中最广泛、最典型的就是经济管理。

经济管理是指管理机关或管理者在社会经济的各个领域为了达到一定的目标，通过管理的各项职能和手段对生产力和生产关系系统，以及对不同地区、不同社会集团之间的生产力各要素和经济利益关系进行合理的调配和有效的使用，高效率地实现既定目标的调控活动。由于生产力与生产关系及它们之间的矛盾运动是通过人的经济活动来体现的，因此也可以说，经济管理就是对人们的经济活动（生产、交换、分配、消费）的管理。经济管理活动的目的和任务，就是要通过对管理客体的合理调配和有效使用，高效率地达到经济活动的既定目标。这是经济管理活动的意义，也是经济管理的实质。经济管理是人类社会生活中最基本的管理，所谓"最基本"，其含义有二。其一，经济管理是人类社会存在和发展的"最基本"的保证。因为离开了经济管理，社会经济秩序就会混乱，人们谋得物质生活资料的生产活动就无法顺利进行。其二，经济管理又是其他管理活动产生和发展的"最基本"的前提。从管理产生的历史来看，先有经济管理，后有其他管理，其他管理是由经济管理派生的；其他管理产生之后，也仍然由经济管理所决定，受经济管理水平及其成果的制约。经济管理还是最有生命力的管理。与其他管理相比，经济管理不仅是最早产生的，而且永远不会消亡。其他管理，如政治管理、国家管理、军事管理等，都只是一定历史时代的产物，随着阶级的消灭和国家的消亡，它们将失去存在的价值。唯有经济管理是与人类共始终的管理。虽然随着人类社会的进步，它虽然会不断改变其形式和内容，但却永远不会消亡。

二、经济管理的意义

在我国计划经济体制下，经济管理职能是国家对经济进行全面的、直接的、行政性的管理，包括对宏观经济和微观经济的计划、组织、领导、控制和调节的管理，从而使宏观经济没有市场调节，微观经济没有企业自主权，政企不分。现在，在市场经济体制下，我国的经济管理职能已经发生了深刻的变化。在宏观管理上，主要是培育和完善社会主义统一市场，对市场进行宏观调控；在微观管理上，政企分开，企业自主管理，成为市场主体，市场对资源配置起基础性的调节作用。因此，经济管理的重大意义主要体现在如下六方面：

（一）经济管理是保证我国以经济建设为中心，实现经济现代化的前提

要坚持以经济建设为中心，逐步实现经济现代化，必须首先做好经济管理。这是保证"中心"得以贯彻和实现的前提。否则，以经济建设为中心和实现经济现代化就没有保证，就会落空。

（二）经济管理是保护和充分有效运用国家经济资源的重要手段

我国地大物博，但人口众多，人均资源拥有量相对贫乏。因此，不能忽视对资源的保护和有效运用。要加强管理，防止资源的滥采滥伐、毁损污染、浪费流失等。加强经济管理、出台资源保护法、有效利用和监督是保护和运用国家经济资源的重要手段，对子孙后代都有重大意义。

（三）经济管理是经济改革和经济发展顺利进行的保证

我国从计划经济体制过渡到完善的市场经济体制，要调整经济结构、产业结构、生产力布局等。要想有效驾驭这种变革，关键在于加强对经济改革和经济发展的领导和管理，这就是当前我国加强经济管理的核心所在。只有采用先进的管理手段和科学的经济管理模式，才能保证我国经济的顺利发展。

（四）经济管理是保证生活供给，调控通货膨胀和紧缩，不断提高人民生活水平的重要手段

从各国的经济改革实践来看，在改革的过渡阶段，经济形势的变化很难驾驭。因此，在改革的过渡阶段，加强经济的宏观管理尤其重要。自改革开放以来，我国政府充分发挥宏观经济管理职能，调整产业结构，发展第三产业，抑制通货膨胀或紧缩，取得了较好的效果。

（五）经济管理是促进经济国际化和国际分工合理化的需要

我国要使经济国际化和国际分工合理化，必须加强经济管理，制定经济国际化的发展战略和实施政策，组织各种国际贸易、国际合作，进入国际市场，引入外国资本、物资、技术知识等。

（六）经济管理是完善和调控市场、保证经济有效运行的主要手段

我国经济改革的目标是建设社会主义市场经济体制。要建立和完善市场体系，必须通过各种经济管理和法律手段来实现。要保证市场经济的有效运行，必须加强经济管理，运用各种宏观调控手段，进行有效调控，保

证市场经济的有效运行。否则，放任自由的市场经济，必然造成市场的大起大落，使经济运行紊乱无序，经济蒙受损失。

第二节　经济管理的内容与模式

一、经济管理的内容

经济管理的内容是多方面的、复杂的，各国所采取的经济体制、经济制度和运行方式不同，政府对经济的干预程度和管理方式不同，经济管理内容也就大为不同。我国现代经济管理主要包括五方面内容。

（一）经济管理组织体系

宏观经济管理主要是由国家政府执行管理职能的，其组织体系主要由以下三部分组成：

（1）国家集中统一的最高层的全面综合管理组织机构。例如，政府要设立统管全局的国家经济发展战略，并建立其经济预测和计划指导系统的组织机构；政府要设立集中、统一的宏观调控机构；政府要设立一些专门的经济管理机构、调控机构及检查监督机构；政府还要设立经济信息系统及咨询的组织机构；等等。

（2）省、自治区、直辖市的各级政府对所辖范围内的经济管理也要设立各种相应的经济管理机构，形成在中央政府高层的集中统一下垂直的分层次的经济管理组织体系，以及各级横向的专业经济部门和专业市场的管理组织体系等。

（3）从全国到各地区各城市的各种行业协会、同业公会、商会和专业研究会等半官方管理组织以及群众团体等非官方管理组织体系。在市场经济下应充分利用和发挥这些组织体系的作用，并将其作为政府经济管理职能的补充和完善。

（二）经济发展的预测和战略决策的制定

国家的经济发展要有正确的发展战略，科学地反映社会、经济、科学、文化等发展规律，不仅要对国内经济发展的趋势做出预测，还要对国际经济发展及国际经济分工的趋势做出预测。这就要进行系统、全面的信息资料收集、分析和研究，由于经济预测长期性因素的不确定性和间接性，因此要广泛应用多种定性和定量的预测方法制定多种可供选择的科学的预测方案。经济决策就是在几种经济预测方案中进行选择，对经济发展战略做出决策。决策包括发展战略目标、战略方针政策、战略重点、重大战略措施以及战略规划。战略决策是指未来某一时间点（年）经济发展要达到的目标。由于战略决策变化因素多，不确定因素多，决策难度大，所以必须应用科学的决策方法。

（三）经济结构与产业政策的制定

我国经济要想得到良好发展，首先要明确经济结构中的核心问题，即所有制结构如何发展、达到什么目标、采取什么政策等。特别是我国今后多种所有制在经济发展中的地位和目标及相关政策，这是非常重要的问题，也是关系到我国经济发展的最基本的问题。其次，要确定经济结构中的产业结构。我国产业结构在现代市场经济下，在国际经济分工合理化下要不断优化安排好第三产业的发展，确定和发展支柱产业，发展高科技新兴产业与传统产业、内销产业与出口产业等。

经济管理要特别重视对经济资源的探测、开发、利用、分配、储备等的管理，既要注意物质的资源管理，也要注意非物质的资源管理。

（四）经济运行的调控

我国社会主义市场经济下的宏观经济运行主要靠市场机制调节，但我国还必须十分注意运用政府这只"看得见的手"对宏观经济运行进行宏观调控。所谓宏观调控，就是指政府用行政、法律、经济杠杆等进行的调节和控制。这种调控以间接调控为主，主要有财政税务手段的调控、金融货币手段的调控、价格手段的调控、工资收入及福利工程等手段的调控、外经贸及进出口等手段的调控等。

政府的有效调控是建立在宏观经济监督基础上的，必须广泛建立国家、地区、社会的各种经济监督和经济信息机构。

（五）经济监督

前面已论及，国家经济管理中要有并行的经济监督机构和手段。经济监督包括税收、物价、统计等。经济监督除了经济机关采取的手段之外，还应有各种行政监督，如工商行政监督、海关监督、审计监督等。此外，还要有法律监督，包括各种经济立法、经济司法、经济仲裁等。

二、经济管理的模式

选择正确的经济管理模式对经济的发展有着重要作用。本节主要论述选择经济管理模式的重要性和选择经济管理模式时应考虑的主要因素,并着重介绍了我国经济管理模式的特色。

(一)经济管理模式概述

1. 经济管理模式的含义

经济管理模式是指国家确立的经济体制、经济运行方式,政府相应地采取的经济管理组织体系和调控方式以及经济监督和现代管理制度等。不同经济状况的国家所选择的经济管理模式是不同的。经济管理模式的核心是政府对经济干预的程度和方式。

从现代经济比较发达的各国的实践来看,其经济发展之所以能够达到现代经济水平,与结合本国实际、选择对本国有效的现代经济管理模式是分不开的。有效的管理模式能推动经济的健康快速发展。

2. 选择经济管理模式应考虑的主要因素

经济管理既要使整个国民经济有效运行、健康发展,实现经济目标,又要使企业有活力,使人民生活水平不断提高。选择经济管理模式应考虑以下主要因素:

(1)要考虑国家的社会制度、所有制结构、多种经济成分的现状和发展目标

各国不同制度的根本性质和目标是不同的。所有制结构中不同所有制

性质所占比重、各种经济成分所处地位,以及发展目标和政策等也是不同的。因此,选择经济管理模式时,首先要考虑所选模式是否符合社会制度的本质和目标要求,以及坚持以何种所有制为主发展经济。

(2)要考虑国家的经济资源、经济发展现状和所处外部经济环境

一国的经济资源状况将影响这个国家经济发展的方向和构成以及国际经济分工。经济发展现状和国外经济环境都会影响一国经济发展的目标和策略,更会影响经济管理模式的选择。

(3)要考虑国家的经济体制及其完善程度

在不同社会制度下可以应用相同的经济机制来发展经济,"市场""计划"都是手段,经济机制就是社会资源配置的不同手段。社会主义国家可以采取市场经济体制来配置社会资源和发展经济。由于各国的社会、政治、文化和经济发展水平以及国内外经济环境不同,市场完善程度不同,因此,各国的经济管理模式也不同。

(4)政府要考虑国家的经济运行状况,采取不同内容、不同程度的宏观调控

一国的经济运行状况受它的经济发展目标、经济现状、市场的完善程度等多种因素的影响。根据经济运行状况,政府需要进行干预,采取不同内容、不同程度的宏观调控。这种调控可以是行政命令的、法律的直接调控方式,也可以是多种经济杠杆等间接调控方式,引导市场和企业有效运行。

(5)要考虑企业结构和企业制度

企业是宏观经济的基础,是市场的主体。企业结构和企业制度状况如何,是经济管理的出发点和落脚点。如从企业结构看,所有制结构、企业规模

结构（大中小企业）、企业外向型结构、企业技术结构和企业资金结构等都对经济管理模式有影响。从企业制度看，是公司法人制还是自然人企业制度、是有限责任公司还是股份有限公司、是国有企业为主还是私有制企业为主等，也都影响着经济管理模式。

3. 经济管理模式的必要性

经济发达的国家都是通过结合国情，采取各种有效的现代经济管理模式而取得成功的。而各种不同管理模式的核心就在于政府对经济发展和运行采取的干预方式及其干预程度的不同。选择管理模式主要就是选择政府在经济发展和运行中扮演何种角色，使用何种手段。选择的管理模式是否妥当对一国的经济发展是非常重要的。

（1）结合国情选择一种好的现代经济管理模式，能够促使一国的经济"超常速"地持续发展，反之，高度集中的计划管理模式则是缺乏活力的。

（2）选择一种好的现代经济管理模式，可以弥补本国资源的不足，充分利用别国资源发展本国经济，促进国际贸易和国际经济分工合作；反之，如选择不当，资源优势就得不到充分发挥，经济发展就缓慢。

（3）现代经济都是在现代市场经济体制下运行和发展的。选择一种好的经济管理模式，就能在激烈的市场竞争中求得生存与发展，充分发挥市场机制的积极作用，调动各方面的积极性，促进经济高效运行和发展。

（二）我国经济管理模式的特色

2001年12月11日，我国正式加入WTO。WTO规则下开放性的市场决定了我国经济管理模式的开放性，从客观上要求我国经济管理模式必须及时改革。我国传统的经济体制下的行政管理模式受到传统文化观念和思维的限制,效率低下。此外,小农色彩的经济模式影响着我国的经济管理模式,制约着我国经济管理整体水平的提高,难以实现现代化经济管理模式。因此,我国要彻底改革传统计划经济体制下那些落后的政府管理理念、方式、手段、职能和机制,建立现代化经济管理模式。这里仅从我国经济管理模式的核心,即我国政府对市场的干预程度和方式来表述我国经济管理模式。其主要特色有以下两点:

1. 政府职能的有限性

(1) 政府职能的发挥及其范围是有限的

政府应该在合理的范围内行使权力,应该充分发挥市场作用,政府只为市场经济的运行提供条件,建立好交换主体间的关系,维护好市场秩序,承担基础设施建设、提供信息服务、人才开发、社会保障服务等职能,为市场营造良好的发展环境。此外,在公共服务领域,特别是基础设施建设方面,应在对其加强宏观管理的同时,引入竞争,开放公共服务市场,在一定范围内允许和鼓励私营部门进入,借助市场和社会,让私营部门、社会团体等与政府共同"划桨",弥补政府财力和服务能力的不足。

(2) 政府权力是有限的,应该受到法律的制约

缺乏法律约束的行政权力就会膨胀,会破坏正常的社会秩序。同时,经济、文化、教育等一系列相关领域会出现连锁反应,政府的社会管理成本也会增加。此外,政府手中的权力缺少制约,极易出现权力"寻租",滋生腐败。因此,在建立有限政府的过程中,需要进一步加快相关法律的完善,明确政府权责,保证政府行政权力在适当的范围内正确行使。

2. 宏观调控的间接性

（1）减少直接干预，加强宏观调控

由于在经济运行中同时存在着市场机制和行政机制两种不同的资源配置方式，尤其是在基础产业和公共事业等领域，行政性资源配置方式制约着市场机制发挥基础性作用，并由此增加了整个社会经济运行的成本。因此，应尽量控制行政方式，增强市场活力，发挥市场的基础作用，实现市场的"经济权力回归"。目前，我国正处于社会转型、经济体制转轨的阶段，经济体制转轨一方面要求政府转变职能，大幅度减少行政干预；另一方面又不能不依托政府发挥某些特殊作用。因此，政府应从宏观上进行把握，如确定经济发展方向、统筹规划、检查监督等，逐步放弃过去的微观经济管理职能，把权力下放给市场和企业，只管那些市场和社会解决不了而又十分重要的问题，实现政府和市场的互补，从而推动经济快速健康地发展。

（2）规范政府和市场的行为，确保经济活动的有序性

政府管理中的"越位"和"缺位"问题，是政府参与经济和管理企业的行为缺乏制度约束，具有非规范性和随意性所致。不该政府管的事情政府干预了，便产生了所谓的"越位"现象。政府的"越位"主要表现在企业人事的任免、审批投资、资产重组等方面，这既加剧了政府部分官员对权力的"寻租"行为，又使政府主管部门或执法部门行使权力或执法的标准发生扭曲，最终结果是企业难以实现真正意义上的"现代化"，企业间的竞争也处于非公平状态。在加入WTO后，经济是开放的、竞争的、平等的，政府就必须从"越位"的地方"退位"，将自主权还给企业，从政策上促进社会经济主体的发展。所谓的政府"缺位"现象，也就是应当由政府完

成的事情政府没有完成，在市场无法调节的某些地方出现了"真空"。在过去的经济体制环境下，应由政府提供的"公共物品"出现短缺，不能满足企业和个人的需要；在市场运行和调节机制方面，没有形成一种"自动稳定器"，市场无法实现自身良好的调控。这首先是因为政府工作不到位，政府没有充分履行建立和维护市场秩序的职责。在经济全球化背景下，要解决政府"缺位"的问题，政府就要"补位"，把公共服务领域的工作做到位，使政府和市场相互补充、协调发展，共同推进经济的市场化、国际化。

（3）发展完善服务职能，有效地管理公共产品和提供服务

政府需要承担更多的咨询、服务职能，以咨询服务代替传统的管理职能，为市场主体提供咨询服务，加强经济社会中不同利益集团间的沟通和交流，为经济社会发展中的弱势群体提供必要帮助，形成与社会多元化发展相适应的多渠道、多层次社会利益协调机制。在市场经济中，政府是为公众服务的，公共管理是面对公众的服务，服务是政府的本质，是行政管理的目标和基准。

（4）加强市场监督职能，维持经济秩序

我国政府应加快制定相关经济法律、规章，约束并规范不适当的经济行为，形成健康、健全的市场机制。要完善监管市场的各种经济指标体系，加强对市场经济信息的收集、整理和分析，加大政府对市场行为的监管力度，维持经济秩序，从而使我国的市场经济与国际全面接轨，尽早适应激烈的竞争环境，最终增强国际竞争力。此外，要学会使用公开、透明的法律措施管理经济，放弃暗箱操作和幕后协商的利益机制。

第三节 经济管理的性质与原则

一、经济管理的性质

经济管理是指经济管理者与管理机构为了实现特定的目标，对社会经济活动进行事前分析、决策、计划、控制、监督的过程。经济管理作为人们进行共同劳动的一种客观要求，也是一个复杂且庞大的过程，更是一个有机的整体。

经济管理具有双重属性，既包含自然属性也包含社会属性。管理的双重性是由生产的双重性所决定的，经济管理的自然属性是经济活动中的共性，经济管理的社会属性是经济管理的个性，这就相当于管理过程中的两个方面。掌握经济管理过程中的这一特点，有利于管理者掌握经济管理过程中的客观规律，更有利于理解经济活动，正确借鉴资本与经济管理的经验。

二、经济管理的原则

经济管理的原则简单来说主要包括三种：①经济效益最佳原则；②物质利益原则；③遵循客观规律原则。

第四节 经济管理的类型与方法

一、经济管理的类型

经济管理为企业的决策与管理提供依据，主要分为以下几个类型：

（一）人力管理

人力资源管理是经济管理中的重要组成部分，因此一定要加强人力资源的开发与管理。企业一定要做好员工的培训工作，提高员工的基本素质，不断挖掘企业劳动者的潜力，调动员工的积极性。相关部门建立健全人力资源开发机制，为企业人力资源管理提供相关借鉴，教育部门要做好教育工作，为企业输送更多优质的人才，促进企业发展。

（二）财力管理

财力管理的对象，就是国内社会总产品的价值和国外资金市场中的游资。财力管理应坚持的原则：统筹兼顾，全面安排；集中资金，保证重点；量力而行，留有余地；维持财力平衡。

（三）物力管理

物力管理包括两方面的内容：一是自然资源的保护与利用，二是物力的开发、供应与使用。

想要更好地实现物力管理，就需要遵循经济规律与自然规律。主张节约，不能浪费。结合经济发展的要求与人们的需求，开发、使用、保护好物力资源，以合理的方式使用物力，促进企业的正常运行，促进经济与社会事业的不断发展。

在自然资源开发与利用的过程中，要根据可持续发展的相关要求对自然资源进行合理的开发与利用，不能随意开发，要适度开发，合理利用，以提高资源的使用效率，保护自然环境。

（四）科学技术管理

科学是人类实践经验的概括和总结，是关于自然、社会和思维发展的知识体系。技术是人类利用科学知识改造自然的物质手段和精神手段的总和，它一般表现为各种不同的生产手段、工艺方法和操作技能，以及体现这些方法和技能的其他物质设施。

科学技术管理包括：制定科学技术发展规划，合理使用科学技术，努力创新科学技术，积极推广应用科研成果；注重技术改造与先进技术的引进，提升自身的创新能力，加强创新型科技人才队伍的建设，为经济管理服务。

（五）时间资源管理

时间是一切运动着的物质的一种存在形式。时间资源具有不可逆性；具有供给的刚性和不可替代性；具有均等性和不平衡性；具有无限性和瞬间性。

时间资源管理是指为了提升时间的利用率与有效性而进行的一系列调控工作。时间资源管理的内容，简单来说，就是指对生产时间的管理与流通时间的管理。

要进行有效的时间资源管理，就需要做出明确的经济活动的目标与规划，对时间的使用有明确的规划，严格把控时间。此外，还要对整体的工作程序进行深化与优化，提升工作效率。

（六）经济信息管理

经济信息是指反映经济活动特征及其发展变化情况的各种消息、情报资料的统称。经济信息的特征为：社会性、有效性、连续性和流动性。

经济信息的分类标准多样，不同的划分标准会出现不同的分类情况。按照经济信息的获取方式不同，可以分为常规性信息与偶然性信息。按照经济信息来源不同，可以分为原始信息与加工信息。按照经济信息所反映的内容不同，可以分为外部信息与内部信息。

经济信息管理应该建立在及时、准确、适用的基础上。经济信息管理的基本过程分为收集、加工、及时传递、分类储存。

二、经济管理的方法

组织的经济管理方法与行政方法都各自具有其特点。组织具有综合效应，这种综合效应是组织成员共同作用的结果。组织管理就是通过建立组织结构、明确权责关系、规定相关职务，使组织成员各司其职，彼此之间相互配合，共同为了一个目标而努力的过程。

（一）经济方法

经济方法是指依靠经济组织，运用经济手段，按照客观经济规律的要求来组织和管理经济活动的一种方法。要正确理解经济方法的含义，需要把握以下要点：经济方法的前提是按客观经济规律办事；经济方法的实质和核心是贯彻物质利益原则；经济方法的基础是搞好经济核算；经济方法的具体运用主要依靠各种经济杠杆；运用经济方法，主要依靠经济组织。经济方法的特点是其具有利益性、平等性、有偿性、间接性，作用范围广、有效性强。

经济方法的科学运用在一定程度上可以体现经济杠杆的科学作用。有效地利用经济杠杆，可以加强对经济活动的管理，但是一定要认识到各种不同的经济杠杆的作用领域及其具体的调节目标。经济杠杆的调节作用可以体现在社会经济生活中的各个方面，实现多种调节目标。例如，信贷杠杆在资金分配的过程中发挥作用，可以促进社会总需求与总供给之间的平衡，还可以促进企业的发展，减少资金的占用，促进资金的合理运转，提高企业的经济利益。

（二）法律方法

经济管理的法律方法，是指依靠国家政权的力量，通过经济立法和经济司法的形式来管理经济活动的一种手段。法律方法的特点是其具有权威性、强制性、规范性、稳定性。

法律方法是国家管理和领导经济活动的重要工具，在经济管理中之所以要使用法律方法，从根本上说，是为了保证整个社会经济活动的内在统一，保证各种社会经济活动朝着同一方向、在统一的范围内进行，从而落实依法治国基本方略。具体来讲，就是保障国家经济建设的大政方针，保护以公有制为主体的多种经济成分的合法权益，保障科技成果的有效应用，加强国与国之间的经济合作，保证顺利完成经济体制改革。

（三）行政方法

经济管理的行政方法是指依靠行政组织，运用行政手段，按照行政方式来管理经济活动的一种方法。行政方法的特点是其具有强制性、直接性、无偿性、单一性、时效性。

在使用行政方法之前，一般会进行深入的调查研究。注重从实际出发，尊重客观事实。行政方法一般建立在客观经济规律之上，对于各级组织的权力范围有严格且明确的划分，可以正确处理各级组织的关系。裁撤冗余的机构组织，建立健全行政工作责任制，提高办事效率。尊重人民群众的利益，发扬民主，积极联系群众。

合理的经济管理组织是管理者履行各种管理职能、顺利开展各项管理活动的前提条件。建立合理的经济管理组织应坚持的基本原则有以下几点：第一，坚持有效性原则，即管理组织结构的建立，包括其结构形态、机构设置和人员配备等，都必须讲效果、讲效率。第二，坚持权利与责任相对称的原则，即各级经济管理机构和管理人员，根据所管辖范围和工作任务，在管理经济活动方面都应拥有一定的职权，与此相对应，还要承担相应的责任。第三，坚持管理层级及幅度适当的原则。一般来说，管理层级与管理幅度呈反比例关系，即幅度宽则对应层较少，幅度窄则对应层较多。第四，坚持统一领导、分级管理的原则。第五，坚持稳定性和适应性相结合的原则。第六，坚持执行与监督分设的原则。

第五节　经济管理的现代化

随着历史的演进，人类的管理思想已经发生了质的飞跃，管理的方法和手段产生了革命性的变革，管理活动已经从原始的、自发的、就事论事的状态发展到了现代的、科学的、系统的状态。历史证明：管理的生命在于运动。因此，像技术基础本身从来不把某一生产过程的现有形式看成最后的形式一样，管理活动也不应墨守成规，而应该努力构思、设计和实现能够保证社会不断发展所需要的管理系统。

一、经济管理现代化的含义和客观必然性

（一）经济管理现代化的含义

经济管理的现代化，就是运用一切同社会经济活动有关的现代科学，包括经济学、社会学、心理学、数学、计算机科学及其他技术科学的成果进行经济管理，使之同现代经济的发展相适应，符合社会化、现代化大生产的客观要求，达到世界先进水平。要深刻理解经济管理现代化的概念，必须把握以下三个要点：

1.管理现代化是一个历史性的概念

生产力的现代化是管理现代化的基础。生产力是不断发展变化的，而管理现代化又是生产力发展水平的反映，在不同的历史时期，管理现代化也包括不同的内容。因此，管理现代化是一个动态的概念，它随着时间的

推移而不断充实新的内容和新的方法，我们必须用发展的观点来理解管理现代化。

2. 管理现代化是一个世界性的概念

生产力的现代化是管理现代化的根本。任何一个国家要在世界性的竞争中得到发展，其生产力都必须努力赶超世界先进水平。管理现代化概念的世界性意义在于，管理现代化水平是就全世界而言的。当前，我国的生产力水平及管理水平都比较低，因此，努力实现我国管理现代化，既要纵比，即与过去的管理水平相比取得了哪些成就，更要横比，即与世界上先进的水平相比还存在哪些差距，并以世界上先进的水平作为我们的奋斗目标。

3. 管理现代化应体现本国特色

管理现代化既要体现世界性，也要体现民族性和特定的社会制度与体制。我们讲管理现代化，必须从本国实际情况出发，实行具有本国特色的经济管理。

实现我国经济管理现代化，应遵循"以我为主，博采众长，融合提炼，自成一家"的方针。所谓"以我为主"，就是在重视和总结我国民族的、传统的管理经验的基础上，从我国的实际出发，引进、学习外国先进的管理方法，提高我们的管理水平；所谓"博采众长，融合提炼"，就是要全面收集和了解世界各国的管理经验和管理方法，并进行深入的分析研究，去其糟粕，取其精华，集百家之长为我所用；所谓"自成一家"，就是通过借鉴外国经验与继承本国经验的有机结合，建立具有中国特色的社会主义经济管理学。

(二)经济管理现代化的必然性

1.科学技术在生产领域的广泛应用,要求经济管理必须现代化

与科学技术相结合,将自然科学的成果转化为生产过程中实用的技术和装备,极大地扩大了人们利用自然力的范围。因为将科学技术转化为生产力大大提高了人的能动作用,突破了人的生理限制,增强了人类改造自然和驾驭自然的能力。纵观社会生产力发展史,它的每一次飞跃无不与科学技术的革命有关。例如,蒸汽机的发明和使用使人类从手工业劳动转变为机器工业生产,劳动的节奏和效率不再以人体动作的频率为转移,而是建立在机器运转频率的基础上;再如,控制论和电子计算机的使用加快了机械化向自动化过渡的进程。这就是说,由于科学技术渗透到生产领域中,劳动生产率已经今非昔比。国外有人估计,当今社会在三年内所发生的变化相当于20世纪初二十年的变化、牛顿以前三百年的变化、石器时代三千年的变化。几千年来,人的体力并没有发生重大变化,可是人的劳动能力提高了不知多少倍,靠的就是科学技术和文化知识。

由于在物质生产领域有了延长人手和人脑的"工具",实现了生产过程的高效率,客观要求伴随这一过程的管理领域也要有延长人手和人脑的"工具",实现管理的高效率。手工业的管理方式已不能适应社会化大生产客观经济活动的需要了。管理劳动主要是信息劳动,它同信息的收集、整理、传递直接相关。经济管理要利用各种形态的经济信息来控制人、财、物的合理流通,这样才能充分地发挥它们各自的最大效能,生产出更多符合社会需要的物质产品。如果信息不灵、反应迟钝,就会贻误时机,造成

浪费，不但不能起到通过管理促进生产力发展的作用，反而会酿成苦果。只有管理现代化与生产力现代化同步进行，才能使管理活动促进生产力的发展。在科学技术日新月异、信息瞬息万变的现代社会，要有效地解决信息在时间上、空间上、数量上和质量上的矛盾，就必须建立起现代化信息管理系统。

2. 现代经济高度社会化的特点，要求经济管理必须现代化

机器大工业生产规模的扩大，技术水平的提高，以及机器体系各组成部分分工的深化，必然要求生产过程更加社会化。不仅企业内部劳动分工更加精细，生产协作更加紧密，而且企业之间、部门之间的分工与专业化协作也日益发展，联系也越发错综复杂。在进入机器大工业时代后，分散的小规模的个体生产变为集中的大规模的社会生产，生产的社会性质在许多方面得到了发展。不仅生产资料的使用上社会化了，而且生产过程和产品的实现过程也进一步社会化了。社会再生产过程的生产、流通、分配和消费在更大范围内联系起来，成为一个生产社会化和社会化大生产统一发展的整体。专业化协作、联合化的发展，国民经济各部门依存制约关系程度的加深，使得跨部门、跨地区、跨领域的问题越来越多，使管理工作日趋复杂化。如何按照客观经济规律，组织众多部门、企业的产供销和实现国民经济的综合平衡，是迫切需要解决的管理问题。在这种情况下，管理的手工方式不能胜任对全社会经济活动的协调工作。

3. 人类自身的发展和精神文明的建设，要求经济管理必须现代化

管理现代化包含的一个重要内容就是实现管理工作的自动化。自动化能够显著地提高劳动生产率。自动化的特点要求在管理结构上进行一些革

命，如压缩管理人员、改变人员的使用结构、增加脑力劳动和服务行业的比重、增加软件人员等，这些都在客观上要求提高劳动者的科学文化素质。

　　管理工作自动化的结果也能够为人类提高自身的素质创造有利的条件。例如，人们对时间分配的变革改变了人们的思维方式和生活方式。人一生的时间可以分为三部分：一是维持生命需要的时间；二是人类发展需要的时间（包括劳动和学习）；三是物质和文化享受需要的时间。时间对每一个人、每一个企业、每一个民族和每一个国家都是公平的，每一天都是24小时，但是由于生产力水平和管理水平不同，上述三种时间分配的比例也大不相同。生产过程的现代化和管理过程的现代化能够为个人全面发展创造足够时间，这里关键是节约劳动时间，使人有更多的休闲时间、运动时间、学习时间以及其他文化享受与物质享受时间。可以说，现代化管理是适合人类自身发展的管理方式。

4. 我国经济管理水平的现状，要求经济管理必须现代化

　　我国与一些发达国家相比，生产力较为落后，管理水平也较为落后，远远不能适应现代化建设和发展生产力的需要，有些由于生产力提高所产生的经济效益，往往被管理不善所造成的失误"淹没"。为了抢时间、争速度，尽快缩短与一些发达国家的差距，必须在大力发展科学技术的同时，重视管理的现代化。管理的现代化是否实现，是关系到中华民族能否屹立于世界民族之林的重大问题。

二、经济管理现代化的内容

　　现代化是一个历史发展的过程，在不同时期有不同的内容。经济管理

现代化的内容大体包括管理思想的现代化、管理组织的现代化、管理方法的现代化、管理手段的现代化和管理人才的现代化。

（一）管理思想的现代化

管理思想的现代化是经济管理现代化的核心和灵魂。没有管理思想的现代化，就谈不上经济管理的现代化。当前，根据经济体制改革的精神，并结合经济管理现代化的要求，应树立以下六种观念：

1. 决策与战略观念

决策就是对各种经济活动做出选择和决定的全过程，它是整个经济管理的依据。在社会化大生产条件下，社会经济活动的范围日益广泛，涉及的因素日趋复杂，决策变得更加重要，也更加困难。这就要求经济管理工作者必须抓住带有全局性的重大经济问题，即战略问题的正确决策。战略决策一旦失误，就会带来全局的失败。因此，经济管理工作者是否具有战略头脑，能否树立正确的决策观念，就成为决定其工作成败的关键。

2. 效率和效益观念

效率是指在一定时间内所完成的工作。效益是指用一定的活劳动和物化劳动生产出的符合社会需要的产品和服务。在现代科学技术和经济环境的发展变化日益加快的条件下，"时间就是金钱，效率就是生命"逐渐成为人们的共识。提高效率必须以提高效益为前提，因为只有带来效益的增长速度才是实实在在的增长速度，才能给人们带来实惠，所以一切经济管理都必须以提高效益为中心，并把效益与效率统一起来。

3. 改革和创新观念

这里所说的改革和创新，要求经济管理必须随着生产力的发展和客观经济条件的变化而发展变化。在经营环境复杂多变、生产技术日新月异、竞争压力越来越大的市场经济条件下，企业要发展就必须解放思想，加速"转机建制"的步伐，大胆改革和创新。只有不断地开发新技术、新产品、新市场，才能长盛不衰，立于不败之地。

4. 民主管理观念

民主管理就是指每个经济单位的职工都能以主人的姿态积极地参与管理，使管理成为他们的权力，也成为他们的责任。在现代的社会化大生产条件下，由于生产过程中技术因素的作用越来越大，人们主动性、创造性的发挥，对生产过程的影响很重要，因而要求生产活动既要有集中统一的指挥，又要给予劳动者一定的自主管理的权力。因此，民主管理既是社会主义制度的具体体现，又是社会化大生产的客观要求。

5. 系统和信息观念

这里所讲的系统是指把各个经济单位的经济活动都看成由相互联系、相互制约的部门、要素、环节所构成的有机整体，即经济系统。要树立系统观念，就要求管理必须用整体的、相互联系的观点来分析和处理问题，并通过系统分析寻找最优的管理方案。为此，全面、及时、准确地掌握系统内部和外部的各种相关信息，就成为制定最优管理方案和确保管理成功的必要条件。

6. 智力开发观念

在现代社会条件下，在影响经济发展的因素中，人的因素具有决定性作用。在人的素质中，智力水平又显得特别重要。智力开发就是通过各种有效的教育，提高人的素质和智力水平，并通过有效的管理，合理地使用人才，发挥人才的作用。在科学技术飞速发展的今天，如果不努力提高和充分发挥人的智力，上述现代管理所要求的战略、决策、效率、效益、改革、创新等都将无从谈起，社会主义现代化建设的目标就无法实现。因此，当代一些发达国家都十分重视智力开发，并把它作为管理现代化的一种重要指导思想。

（二）管理组织的现代化

管理组织的现代化就是要使经济管理组织能够适应现代化大生产的要求，能够调动组织方方面面的积极性并保证管理的效率，从而推动生产力的发展。它是经济管理现代化的组织保证。具体来说，管理组织的现代化应遵循以下四项原则：

1. 任务目标原则

任何一个组织都有其特定的任务和目标。因此，每个组织、每个部门、每个管理层乃至每个成员都应有与其特定的任务目标相关联的分目标。组织的调整、合并或取消都应以是否对其实现目标有利为衡量标准。没有任务目标的组织就没有存在的必要。

根据这一原则，在设置组织机构时，首先要认真分析，为了保证特定任务目标的实现，必须办哪些事（工作），工作量有多大，需要具有哪方面能力的人才能完成，然后才可以决定设什么机构，需要几个部门、什么职务、配多少人。任务目标要求以事为中心、因事设机构、因事设职务、因事配人员，反对因人设职、因职找事。

2. 统一指挥原则

统一指挥原则，就是指在经济管理工作中严格实行统一领导，建立明确的责任制，消除"多头领导"和无人负责的现象，保证经济活动的正常进行。

根据这一原则，管理组织系统中下级组织只接受一个上级组织的命令和指挥，每个人只对一个上级领导负责。按照这一原则设置的管理组织上下级之间的上报下达，都要按管理层次进行，不得越级。

3. 有效管理幅度原则

管理幅度也叫管理跨度，是指一个管理者或领导者能直接而有效地领导下级的人数。由于专业性强、涉及面广、管理内容多、工作量大，现代经济管理需要多种专业知识和管理经验。一个领导者受其精力、知识、经验等条件的限制，能够直接、有效地领导下级的人数是有一定限度的。超过一定限度，就不能做到具体、高效、正确的领导。一个领导者能够有效地领导下级的人数，就称为有效管理幅度。影响管理幅度大小的因素，一般有管理层次、管理内容的繁简程度和技术水平的高低，管理人员的思想水平、工作能力，以及组织机构健全程度、信息反馈速度等。管理幅度与管理层次是相互联系、相互制约的。管理幅度越大，则管理的层次越少；管理的幅度越小，则管理的层次越多。根据有效管理幅度原则，要尽可能在扩大有效管理幅度的基础上减少管理层次。因为管理层次多了，既会影响工作效率，又会增加管理人员和管理费用。

4. 精简、效率的原则

精简，就是精兵简政，队伍要精干，机构要精简；效率，就是办事效率、工作效率要高。精简与效率是互相制约的，只有精兵简政，才能提高效率。因此精简与效率是管理组织的重要原则。

（三）管理方法的现代化

管理方法的现代化就是把现代社会科学和自然科学的成果应用于经济管理，以保证管理方法的科学化，提高管理的有效性。管理方法现代化的内容可概括为如下三个方面：

1. 运用经济学、社会学、心理学等社会科学的新成果做好经济管理

经济管理必须按照客观经济规律办事。然而，人们对于社会主义经济规律的认识有一个逐步全面和深化的过程。因此，必须吸收经济学研究中的新成果来不断地改进和完善经济管理，特别是宏观经济管理。人们的经济行为总是要受社会和心理因素的制约，因而运用社会学和心理学的成果对于改善经济管理，特别是微观经济管理来说也很重要。我们应当借鉴外国已有的成果，并结合我国实际大力开展研究，以提高我们的经济管理水平。

2. 运用现代自然科学，特别是现代数学的成果做好经济管理

随着现代社会化大生产的发展，社会经济联系日趋复杂，传统的管理方法已难以适应这一变化。于是，新兴的管理数学方法便应运而生，并相继出现了诸如投入产出法、数学规划法、系统分析、网络计划技术、预测技术、价值工程以及排队论、对策论、决策论、库存论等许多经济管理的数学方法，其应用范围也日益扩大。这些方法的运用，对于保证经济管理

的系统化、数量化、标准化、最优化，提高经济管理的有效性起到了重要的作用。

3. 普遍、深入地应用各种现代管理方法

这里的"普遍"有两层含义：其一是指普遍应用各种现代管理方法，而不是只应用几种方法，或者某一方面的方法；其二是指将各种现代管理方法应用于一切可以应用的场合，而不是只限于某些部门、企业或场合。当然，在管理方法现代化的过程中，有时需要有重点地推行某些方法，但是最终应当达到普遍的应用。所谓"深入"，是指在应用现代管理方法时，应深入理解其实质，灵活、客观地加以运用，充分发挥其潜力，取得最佳的效果，而不是满足于应用了多少种方法却不求实效。

（四）管理手段的现代化

管理是人们为了达到一定目标而进行的自觉的活动，是对管理对象施加作用而获取最佳经济效益的自觉活动。对管理对象施加作用，就必须具备一定的手段。所谓管理手段，就是指人们用来对管理对象施加作用的有效的管理工具和管理措施。管理手段可分为"软""硬"两类："软"手段是指行政手段、经济手段、法律手段等生产关系调节手段；"硬"手段是指管理中运用的技术手段，如电子计算机、办公设备、测试仪表等。管理手段现代化就是指适应现代生产力和社会主义生产关系的要求，不断改善"软"手段的运用，不断更新"硬"手段的技术结构，在现代管理思想的指导下，更有效地对管理对象施加作用，达到当代的世界先进水平。

管理手段的现代化主要体现在以下两方面：

1. 不断改善"软"手段的运用

所谓不断改善"软"手段的运用包含两层意思：其一是要致力于行政手段、经济手段、法律手段和思想政治工作手段科学化的研究，包括这些手段在管理中的作用范围和对象，这些手段运用的理论基础、依据和原则，这些手段各自的不足和长处等一系列问题；其二就是要加强对这些手段的综合运用，形成具有中国特色的管理手段运用方式。

2. 不断更新"硬"手段的技术结构

所谓不断更新"硬"手段的技术结构也包括两层意思：其一就是要使引入的先进的物质技术手段适应现实生产力水平，适应经济管理的实际；其二就是不断把现代科学技术的一些最新成果引进管理领域，使整个管理手段体系在结构上得到补充和更新。

（五）管理人才的现代化

管理人才现代化是现代化管理思想的人格化，是管理现代化的关键。这是因为，管理思想现代化和管理组织现代化能否贯彻，管理方法现代化和管理手段现代化能否推行，关键在于是否具有现代化的管理人才。管理人才现代化就是指培养一大批具有现代管理思想，掌握现代管理科学技术知识，具备指挥才能、参谋才能、监督执行才能的现代管理人才。管理现代化对管理人才提出了以下要求：

1. 要具备广博的科学知识和管理技术，既要掌握社会科学知识，包括经济学、管理学、社会学、心理学等各种学科的知识，又要掌握高等数学、现代科学技术和电子计算机等自然科学方面的基本知识。

2.要有卓越的组织指挥能力,能够领导有方,提高工作效率;要有较强的逻辑思考能力和分析判断能力,能够准确把握时机,果断决策;要有知人善任的能力,能够善于发现人才、培养人才、团结人才、使用人才,调动一切工作人员的积极性。

3.要有改革创新的精神,要有丰富的想象力、坚忍不拔的勇气和勇往直前的气魄。

以上五个方面现代化的内容构成了一个相辅相成、互相衔接的有机整体,其中管理思想是基础,管理组织是保证,管理方法与管理手段是途径,管理人才是条件。

三、实现经济管理现代化的基本途径

(一)坚持从实际出发的原则,统筹规划,打好基础

从实际出发,就是指从我国的国情出发。我国土地辽阔、资源丰富、人口众多,但人才缺乏、资金不足、技术落后、管理水平低,这就决定了我国不可能在很短时间内普遍地达到一些发达国家的水平,必须经过长期艰苦的努力。在一定时期内,经济管理的手工方式、机械化、半自动化、自动化并存是必然的。随着时间的推移,自动化的比重将会逐步增大。

在此情况下,要加速经济管理现代化的进程要做到两点。第一,必须加强对管理现代化工作的领导,做好总体规划。如果没有总体的设计和规划,工作往往会具有盲目性。因此,无论是国家,还是部门和企业,对各自系统的经济管理现代化问题,都应该经过切实研究讨论,制定符合实际

的总体方案，以便统筹规划，统一步骤，逐步实现。比如，计算机要发挥作用，需要与一系列条件相联系，如整个经济发展水平、终端设备的研制、通信系统的建立、软件的配置、科学管理的结构、生产与管理人员的素质等。如果不对这些因素进行综合分析、统筹规划，即使引进计算机，也很难发挥现代化管理工具的作用。

第二，要做好管理的各项基础工作。因为管理的基础工作是发挥管理职能，是进行各项专业管理的前提条件。基础工作既有被动的服务功能，又有能动的推动功能。它的生命力在于准确地反映实际，能动地指导实际。经济管理的基础工作有很多，主要有：①标准化工作，包括技术标准和管理标准；②定额工作，主要是劳动定额、物资定额、资金定额；③计量工作，包括计量检定、测试、化验分析等；④信息工作，包括原始凭证、原始记录、统计分析、经济技术情报、科技档案等；⑤责任制度，如领导人员任期目标责任制、各职能机构和职能人员的责任制、工人岗位责任制，以及考勤制、奖惩制、文明生产制度等。这些基础性工作是涉及面广、量大的科学性极强的工作，而且是先行性工作。如果这些工作做不好，管理现代化就步履维艰。如果数据不准确、不完整，经过计算机输出的结果就会不科学，"输入的是垃圾，输出的也只能是垃圾"。为了实现管理工作的现代化，必须努力实现管理基础工作的科学化、管理业务的标准化、报表文件的统一化、工作程序的规范化。

（二）坚持"两条腿走路"的方针，走中国式管理人才现代化的道路

对现代化管理人才提出的要求，概括起来有两个方面：一是量的要求。

社会需要大量合格的管理人才，管理者要成为内行、专家。二是质的要求。管理者既要有一定的专业技术，又要通晓管理知识；既有一定的分析问题、解决问题的能力，也要有相当的组织能力。因此，现代化管理人才应该是"软""硬"技术兼备的管理上的专家、技术上的内行。根据我国的现状，要实现管理人才现代化，必须坚持"两条腿走路"的方针。"一条腿"是做好管理人才的培养、培训和开发工作。主要包括：增加对管理院校系科的智力投资，培养管理专业人才；学生来源应由过去单一的"连续型"教育转变为"连续型"与"回炉型"教育兼有；管理学科的一部分本科生和大部分硕士生应从有管理实践经验的管理干部或后备领导人选中招收；做好在职管理干部的培训工作，以保证第一线的管理干部能够定期或不定期地学习新的管理知识，使学技术出身的"硬"专家在走上领导岗位之后，能进行必要的"软化"；有条件的大型企业（集团）或相关部门应该以高等管理院校为依托，建立经济管理干部培训中心，使各项培训工作落到实处。"另一条腿"就是进一步研究和探索领导班子结构优化的问题。领导班子中的每一个成员的年龄、专业、能力、气质、性格等都是各不相同、各具特点的。不同的成员在管理者团体中所占的比例和相互之间的关系形成了领导班子的结构。管理者团体现代化，就是指领导班子的现代化。这一现代化的过程，完整地体现在领导班子结构的优化上。所谓领导班子结构的优化，就是指领导班子中的成员在年龄、专业、气质、性格、能力等诸方面最为合理、有效，最能适应现代管理要求的组合。这种以整体功能最佳为目标，以取各成员之长、避各成员之短为原则建立的通才型领导团体，易于适应内外部环境的变化，便于形成合力并做出正确的战略决策。通过实现领导班子结构优化，来实现管理者团体的现代化，可以加速实现管理现代化的步伐。

（三）坚持"一学二改三创造"的原则，认真学习和推广国外的先进管理经验

任何一个国家、一个民族都有所长、有所短，应该取人所长、补己所短。历史证明，拒绝接受外国先进文化的国家和民族是不能发展进步的。因此，我们在认识和发扬自己优良传统的同时，必须下大决心、用大力气学习世界各国的先进管理经验及其他有益文化。坚持"一学二改三创造"的原则，首先是认真学，其次是结合我国的实际情况加以改造，最后还应在学习的基础上大胆创新，做到"青出于蓝而胜于蓝"。切记，一切照抄照搬外国的做法是不会成功的。

（四）坚持以提高职工队伍的全员素质为基点，将管理现代化的宗旨落实到基层和现场

基层和现场是一切活动的落脚点。建设一支具有较高素质、适应现代管理要求的职工队伍是管理现代化至关重要的环节。现代管理正逐步向全面管理、全员管理的方向发展，这就对职工队伍提出了更高的要求。

要建设职工队伍，首先必须认识到职工的劳动不仅是体力劳动，更重要的是智力劳动。据研究，体力劳动与智力劳动之比在机械化初级阶段为9∶1，在中等程度机械化阶段为6∶4，在全面自动化阶段则为1∶9，此时智力劳动已成为主要因素。所以，现在和未来的劳动力必须掌握现代科学技术知识，成为有文化的劳动者。这也是保证我国实现管理现代化的根基所在。

第二章 经济管理目标与经济管理环境

第一节 经济管理目标概述

一、经济管理目标的含义

（一）目标

目标是目的或宗旨的具体化，是各项活动所指向的终点，即一个组织或一个人在一定时期内奋力争取而所希望达到的结果。每一个组织或个人都有自己的目标，倘若无目标存在，就会失去方向、斗志、动力。当然，不同的组织或个人所从事的活动内容和所处系统的层次不同，其目标也是各不相同的。

（二）经济管理目标

经济管理目标就是经济组织的目的或宗旨的具体化，是在分析外部环境和内部条件的基础上确定的一定时期内各项经济活动的发展方向和奋斗目标。经济管理目标为经济组织决策指明方向，是经济组织计划的基础，也是衡量经济组织实际绩效的标准。

传统的经济组织把经济管理目标定位在利润最大化上,在完全竞争的市场环境下,经济组织在追求自身利益最大化的同时,通过市场这只"看不见的手"的引导,实现资源配置的优化,从而实现全社会的公共利益最大化。而面对日趋变化的社会环境,经济组织为了保持自己在公众中良好的形象,不得不"割舍"一定的利润,以承担其在环保、就业、社会稳定等方面相应的责任。

正如美国未来学家阿尔文·托夫勒在《第三次浪潮》一书中预言的那样,未来世界衡量管理的标准不再仅仅是劳动生产率、销售量和盈利额,而是由社会、环境、信息、政治、经济、道德等方面组成的综合标准。

二、经济管理目标体系

在现代社会,经济管理目标作为衡量经济组织履行其使命的标志,单一指标无法胜任,必然存在一个相互联系、相互支持的目标体系。经济管理目标一般可归纳为以下几类:

(一)按经济管理目标的内容划分

经济管理目标的内容和重点随着外界环境、经营思想、自身优势的变化而变化。经济组织是市场竞争主体。竞争环境的变化,经济组织对自身核心能力的思考,在一定程度上决定了其在不同时期的经济管理目标是不同的。就现代经济组织而言,一般都从以下几个方面考虑经济管理目标的基本内容。

1. 社会目标

经济组织的社会目标就是指经济组织应为社会做出的贡献，具体表现为其所提供的产品和服务的品种、质量、数量以及对生态平衡的保护、对社会公共事业的贡献等。它是经济组织（甚至任何组织）赖以生存的基础，体现了经济组织与其外部环境之间的关系，即经济组织从社会取得一定的投入资源，而又为社会提供一定的服务和产品。

2. 市场目标

市场目标是指经济组织在经营活动方面应取得的成果。市场目标不仅包括占有国内市场的广度，也包括走向国际市场、提高产品国际竞争力的程度。

3. 发展目标

发展目标用来指明经济组织的使命和宗旨，表明经济组织存在的理由和价值，反映经济组织的价值观。发展目标通常包括经济组织在增加品种、推进技术、提高质量、扩大市场、开发人才等方面应取得的成果。

4. 利益目标

利益目标是指经济组织在物质利益方面应达到的成果，可用利润总额、销售利润率、税后利润、奖励基金、福利基金、工资增长率等指标表示。利益目标是经济组织经营活动的内在动力，是组织生存和发展的基本条件，是衡量经济组织经营活动效果的基本尺度，也是经济组织满足各方面要求、实现其他目标的前提。经济组织的利益目标与社会目标之间存在既相互矛盾又相互统一的关系。

从发展的角度看，经济管理目标的内容日趋丰富，从泰勒时代单纯的利润目标，到强调人际关系、注重工作丰富化等的目标，经济管理目标的制定一直强调对经济组织内部资源的挖掘。第二次世界大战以后，顾客至上的经济管理目标日益普及，发展至今，经济管理目标中又融入了关注社会责任、提倡绿色管理的内容。政府对经济组织的干预，又决定了经济管理目标必须与政府的政策相一致。在目标内容方面，美国著名管理学家彼得·德鲁克指出，经济组织的性质本身需要多重目标。他认为在以下8个领域必须制定出绩效和成果的目标：市场地位、创新、生产率、物资和财务资源、可营利性、经理人员的业绩和培养、工人的工作和态度、社会责任心。斯蒂芬·P.罗宾斯所著的《管理学》一书中，通过对80家美国大公司进行调查，发现每家公司设立的目标数量都不尽相同，从1个到18个不等，平均为5~6个。在这些目标中得到最高评价的前10个目标依次为利润率、增长、市场份额、社会责任、雇员福利、产品质量和服务、研究与开发、多元化、效率、财务稳定性。

（二）按经济管理目标在不同时期的战略重点划分

上述经济管理目标，在不同的历史时期，由于经济组织所面临的问题有所不同，应有不同的战略重点。因此，经济管理目标又可被分为战略目标和战术目标。

战略目标是在较长的时期内决定经济组织发展方向和规模的总体目标。每一个经济组织在其发展的不同历史时期，均有不同的战略目标。就其目标的性质来说，分为三种：成长性目标、稳定性目标和竞争性目标。

成长性目标表明经济组织的进步和发展水平。这种目标的实现，标志着经济组织经营能力有了明显的提高。成长性目标包括：销售额及其增长率；利润额及其增长率；资金总额；生产能力。稳定性目标表明经济组织经营状况是否安全，有没有亏损甚至倒闭的危险。稳定性目标包括：经营安全率；利润率；支付能力。竞争性目标表明经济组织的竞争能力和经济组织形象。竞争性目标包括：市场占有率；产品质量名次。

战术目标则是保证战略目标实现的近期具体目标。

（三）按经济管理目标的考核性质划分

按经济管理目标的考核性质，可以将经济管理目标分为定量目标和定性目标。定性目标就是依靠人的知识和经验从性质上描述争取达到的所希望的未来状况或结果。定量目标就是指用时间、数量、质量等量化的具体指标描述争取达到的所希望的未来状况或结果。一般来说，目标必须是可考核的，而使目标具有可考核性的最方便的方法就是使之定量化，从上到下逐级量化。但是，在经济组织的经营活动中，定性目标也是不可缺少的，主管人员在经济组织中的地位越高，其定性目标就可能越多，有时，提出一个定性目标可能比规定一个定量目标更能使主管人员处于有利、主动的地位。

（四）按经济管理目标所要达到的水平划分

经济管理目标按照其所要达到的不同水平，可分为突破性目标和控制性目标两类。所谓突破性目标，是指使生产水平或经营活动水平达到前所未有的目标水平。例如，某厂产品的废品率在15%左右，在经济管理目标中提出使废品率降到10%，这个10%就叫突破性目标。所谓控制性目标，是指使生产水平或经营活动水平维持在现有水平的目标。

（五）按经济管理目标的管理层次划分

任何经济组织的目标都不是单一存在的独立目标，总目标可以被分解为各个层次的子目标或分目标，使之分配到经济组织内相应的管理层次上。各个层次的目标仍可被进一步分解，使之落实到内部各个部门，甚至将具体的目标落实到个人，使之呈现具有层次的一系列目标的总和，即组织目标具有层次性。美国著名管理学家哈罗德·孔茨将企业的目标划分为自上而下的七个等级层次：一是社会经济总目标；二是使命；三是一定时期的全部目标，包括长期目标和战略性目标；四是更具专业性的全部目标；五是分公司目标；六是部门或单位目标；七是组织成员的个人目标，包括成就、个人培养目标等。从经济组织的结构角度来看，在不同时期都应有一个重点的战略目标，也就是总体目标，它是一切生产技术经济活动的立足点和出发点，可被划分为若干中间目标，如产品发展目标、质量目标、市场销售目标等。中间目标又可被划分为若干具体目标，如工作质量目标、服务目标等。具体目标是靠员工的劳动实现的，因而具体目标还可被划分为不同岗位上员工的个人目标。管理层次的差异决定目标体系的垂直高度，经济管理目标构成了一个有层次的目标体系。

在经济管理目标体系中，上下层次目标之间的关系是：上层次目标是下层次目标的立足点和出发点，对下层次目标有制约和规定作用，其实现程度依赖于下一个层次目标的实现程度、生产率的高低和贡献的大小；下层次目标是上层次目标的发展，为上层次目标的实现而服务，是实现上层次目标的手段。在同一层次的不同目标之间，形成横向的有机联系，使各环节、各部门的经营活动紧密地衔接。同时，上下层次目标之间、同层次目标之间，也存在着相互矛盾、不一致和不和谐的方面。在确立经济管理目标时，要注意发挥其一致性和协调性方面的作用，并注意限制和克服其矛盾、不一致、不和谐方面的作用。

（六）按经济管理目标之间的网络关系划分

经济组织中各类、各级目标构成一个网络，表示研究对象的相互关系。要使一个网络发挥作用，就必须使各个目标彼此协调、互相支援、彼此呼应、融为一体。

（七）按实现经济管理目标所需的时间长短划分

按实现经济管理目标时间的长短，可以将其分为短期目标、中期目标和长期目标。它们的区分是相对而言的。短期目标是中、长期目标的基础。任何长期目标的实现必然是由近及远的，在长期目标的第一年中实现的短期目标应该是全面、具体的，而且在第一年中所要做的工作必须为以后各年所要做的工作打下基础。

三、经济管理目标的重要性

（一）指明方向

经济管理目标反映一个组织所追求的价值，是衡量组织经济活动的价值标准，也是经济组织生存和发展的意义所在。从某种意义上说，它起到统一思想、为达到同一目标而协调集体活动的作用。明确经济组织在各个时期的经营方向和奋斗目标，能够使经济组织的全部生产经营活动突出重点。

（二）激励员工

经济管理目标是一种激励经济组织成员的力量源泉。根据期望理论的基本原理，目标对人的激励作用可用如下公式表示：

激励作用 = 目标效价 × 期望值

其中，目标效价是一个人对某一成果的偏好程度，期望值是某一特别行动会导致一个预期成果的概率。从组织成员个人的角度来看，目标的激励作用具体表现在两个方面：一是个人只有明确了目标才能调动起潜在能力，尽力而为，创造出最佳成绩；二是个人只有在达到了目标后，才会产生成就感和满足感。合理先进的目标，能把每个员工的积极性和聪明才智科学地组织到目标体系里，并得以有效的发挥，起到激励员工的作用。

（三）凝聚力量

经济组织是一个社会协作系统，它必须对其成员有一种凝聚力。一盘散沙的经济组织难以发挥作用，是不能够长期存在的。它的凝聚力大小受到多种因素影响，其中一个因素就是目标。特别是当组织目标充分体现了组织成员的共同利益，并能够与组织成员的个人目标取得最大程度的和谐一致时，就能极大地激发组织成员的工作热情、献身精神和创造力。当然，经济组织的目标与个人目标之间存在着潜在的冲突，也是削弱其凝聚力的主要原因。

（四）客观标准

经济管理目标是考核主管人员和员工绩效的客观标准。大量管理实践表明，仅凭上级的主观印象确定下级主管人员绩效的考核依据，是不客观、不科学的，因而不利于调动下级主管人员的积极性。正确方法应当是根据明确的目标进行考核。

（五）统筹协调

现代化管理的技术方法多种多样，如全面质量管理、管理运筹学、系统工程等，这些管理技术都是以目标管理为主轴，与目标管理互相配套的。通过推行目标管理，能够统筹协调和充实完善各项管理技术，促使经济组织管理科学化、系统化、标准化、民主化、公开化，便于自我控制、群众监督和上级检查。

（六）动态平衡

经济组织在反复权衡内部条件和外部环境、科学预测和把握外部环境发展趋势的基础上确定的经济管理目标，既能在一定时期、一定范围内适应环境趋势，又能使经济组织的经济活动保持稳定性和连续性，使经济组织获得长期、稳定、协调的发展。通过不同层次经济管理目标的纵横衔接与平衡，能够以总体战略目标为中心，把经济组织各个部门的生产经营活动联成一个有机整体，产生一种"向心力"，使各项生产经营活动达到最佳的协调状态，以利于提高管理效率。总之，经济管理目标有助于经济组织实现动态平衡。

第二节 经济管理目标制定

一、经济管理目标的制定原则

将经济管理目标定得过高或过低对开展经济活动都是不利的。目标定得过高，完不成，会挫伤员工的积极性；相反，目标定得过低，又会影响员工聪明才智和积极性的发挥。为了正确制定目标，必须遵循一定的原则。

（一）战略性原则

对于经济组织来说，经济管理目标的实现是求得生存和发展，因此，确立经济管理目标时，一定要明确该经济组织的发展战略。美国管理学家彼得·德鲁克认为，在确立经济管理目标时，首先应搞清楚以下问题：本经济组织是个什么样的经济组织？将来准备发展成一个什么样的经济组织？经济管理目标是经济组织的发展战略取向，只有体现经济组织发展战略的经济管理目标才是有效的。

（二）关键性原则

经济组织要以合理的成本为社会提供商品和服务。为实现这一宗旨而成立的经济组织通常有很多发展目标。即使在某一特定发展时期，所强调的目标重点也不相同。经济管理目标有主次之分，经济组织必须把有关大局、决定经营成果的内容作为经济管理目标的主体，面面俱到的目标会使经济组织无所适从。为此，经济组织每个时期的总体目标必须突出有关经济活动成败的重要问题；决定经济组织长期发展的全局性问题不宜过多，以利于集中力量完成关键性目标。分清目标的主次，切不可把次要目标或战术目标列为经济组织的总体目标，以免资源滥用、本末倒置、因小失大。

（三）可行性原则

制定经济管理目标是为了实现它，因而经济管理目标要具有可行性，保证能如期实现。经济管理目标的确定要建立在对内外环境进行充分分析的基础上，全面分析经济组织可以利用的一切资源条件，并通过一定程序加以确定。既要保证经济管理目标的科学性，又要保证经济管理目标的可行性。不能凭主观愿望把经济管理目标定得太高，脱离实际，也不能把经济管理目标定得过低，要对经济组织的创造性经营结果进行充分估计，不能忽视主观能动性的作用。

（四）可衡量性原则

确立经济管理目标的直接目的是编制实施计划，划分每项工作的责任与权限，明确控制的标准，它是组织职能和控制职能的基础。必须保证经济管理目标具有可测性和可比性，能够反映经济管理目标在质与量上的要求，把定性与定量结合起来，尽可能使之具体化、定量化，以便于实施和考核。一方面，通过对量化目标完成情况的监控，保证经济组织总目标的实现；另一方面，通过具体目标与总目标的衔接，使员工更容易感受到自身工作对实现经济管理目标的贡献，以利于激发员工的积极性。切忌把总体战略目标变成空洞、抽象的口号。

（五）一致性原则

在多样化的经济管理目标中，总会出现矛盾，如经济组织为了增加盈利而放弃维持生态环境目标。这些矛盾的存在要求管理者在制定经济管理目标时，应尽可能在多重目标之间进行综合平衡，以协调多重目标之间的矛盾冲突，使上层目标同下层目标协调一致。在保证分目标实现的同时，经济组织总体目标也必然实现。同时，把长期目标和短期目标相结合，不能只顾眼前而不顾长远发展，以保持后继力量。

（六）激励性原则

富有挑战性的经济管理目标是组织成员通过努力可以达到的目标，能使每个人对目标的实现都抱有极大的希望，增强完成目标的信心和满意度，从而愿意贡献自己的全部力量，是激励组织成员工作的驱动力。为了使经济管理目标更具有挑战性，在确立经济管理目标时，应充分考虑组织内、外环境的影响。综合考虑要实现经济管理目标所需要的条件和能力，明确规定达到目标的水平和实现目标的时间。

（七）灵活性原则

经济组织的外部环境和内部条件都是不断变化的，因此经济管理目标也不应该一成不变，应具有一定的灵活性，根据客观条件的变化，改变不合时宜的经济管理目标，根据新形势的要求及时调整与修正经济管理目标。比较而言，经济组织的长期目标要保持一定的稳定性，短期目标要保持一定的灵活性。

(八)协商性原则

经济组织上下级之间围绕经济管理目标的分解、层次目标的落实所进行的思想交流和意见商讨,被称为目标协商。经济管理目标协商可以使目标上下统一,消除各级管理人员及全体员工的意见分歧,加深对目标的了解和理解,调动各方面的主动性、积极性和创造性,保证总目标和分目标的实现。上级主管根据实际情况初步拟订目标后,不能将目标硬"塞"给下级,这样很难使下级产生完成任务的责任感,也难以使上级主管从下级那里获取重要的建议。

二、经济管理目标的制定过程

(一)确定经济管理目标

确定经济管理目标,实际上是一个完整的决策过程。它不是单指拍板定案的瞬间,而是指制定目标前后需要进行的大量工作,包括采取一定的步骤和应用必要的科学的预测、决策方法。一般来说,制定经济管理目标的过程可分为以下步骤:

1.掌握情报信息

要全面收集、调查、了解、掌握经济组织系统的外部环境和内部条件的资料,作为制定经济管理目标的依据。

2.拟订目标方案

要在对情报信息进行系统管理分析的基础上,提出目标方案。方案所规定的经济管理目标应明确表示将经济组织引向何处,达到什么目的,对国家、集体、个人将起到什么作用等。拟订的方案应有若干个，供比较、鉴别、选择用。

3. 评估经济管理目标方案

即对拟订的经济管理目标方案进行分析论证，主要包括以下方面：

（1）限制因素分析。分析实现每一个经济管理目标方案的各项条件是否具备，包括时间、资源、技术及其他各种内外部条件。

（2）效益的综合分析。对于每一个经济管理目标方案，要综合分析该方案所带来的经济效益及其对社会、对自然生态的影响。

（3）潜在问题分析。对实现每一个经济管理目标方案时可能发生的问题、困难和障碍进行预测，确定发生问题的概率，分析可能发生的问题的原因，有无预防措施或补救措施，一旦发生问题，其后果的严重程度如何。

4. 选择最优方案

即在评估经济管理目标方案的基础上，从各个方案中选出较优的目标方案。在方案选择过程中，应全面权衡各方案的得失，有时应对各方案进行必要的修改补充，有时需要在综合原拟订方案的基础上设计新的方案。

（二）经济管理目标展开

将经济管理目标层层分解落实的过程，被称为经济管理目标展开，一般包括以下内容：

1. 分解经济管理目标

经济管理目标分解是把经济组织的总目标分解成中间目标、具体目标、个人目标，使经济组织所有员工都乐于接受经济组织的目标，并且在完成这一目标的过程中承担自己应承担的责任。经济组织总目标按照组织管理的层次进行分解，上下级的目标之间通常是一种"目的—手段"的关系：某一级的目标，需要用一定的手段来实现，这些手段就成为下一级的次目标，按级顺推下去，直到个人目标，形成目标链体系。

在分解经济管理目标时要注意：①经济管理目标体系的逻辑要严密，纵横成网络，体现出由上而下越来越具体的特点；②经济管理目标要突出重点，与经济组织总目标无关的其他工作不必列入各级分目标；③要鼓励员工积极参与经济管理目标分解，把"要我做"变为"我要做"。

2. 制定经济管理目标对策

对策就是实现经济管理目标的具体措施，它是经济组织总目标实现的保证。由于经济组织总目标要被分解成各个分目标，因此，要在各个层次上针对分目标，制定实现该目标的具体对策或措施。制定对策的基本方法是：按照层次，通过对经济组织的诊断分析和掌握的现状，找出各部门实际情况与经济管理目标之间存在的差距，对这些差距进行归纳、整理、分类，就可以找出要实现经济管理目标所必须解决的重要问题，针对各个问题，研究、制定对策，以便有的放矢地缩短现状与经济管理目标之间的差距，保证经济管理目标的实现。

3. 协商经济管理目标

在经济管理目标展开的过程中，主管人员需要和下属充分协商，询问他们：为完成总体目标能做些什么？能完成哪些目标？何时完成？需要哪些资源？有什么困难和障碍？需要上级提供什么帮助？需要什么样的变革？等等。在仔细征求意见的基础上，主管人员指导下属拟订先进合理、协调一致的目标。

4.明确经济管理目标责任

明确经济管理目标责任是经济管理目标展开过程中的又一个重要环节。其基本要求是：根据每个岗位的工作目标或员工的个人工作目标确定责任，使每个岗位、每个人都明确自己在实现经济管理目标过程中所应负的责任。这就是说，每个员工都要认清自身目标，明确自己应该做什么、怎么做、做到什么程度、达到什么要求，要努力使责任指标化，从而便于执行、考核和检查。

经济管理目标的展开，其实质就是为每一个目标执行者确定目标和措施，使各级目标同执行者的责任紧紧结合起来。经济管理目标展开的要求如下：①做到纵向到底、横向到边。所谓纵向到底，是指经济管理目标的分解从经济组织的最高层开始，直到个人，一贯到底；所谓横向到边，是指将经济管理目标分解到各个部门以及管理人员身上。②各个分目标与经济组织总目标应上下贯通、融合一体。③各分目标之间在时间上要达到协调、平衡，防止因时差影响实施过程。④分目标应力求简明扼要，有明确的计量标准。

（三）编制经济管理目标卡片

在实践中，经济管理目标卡片是目标管理的有效工具。经济管理目标卡片一般一式两份，正本由经济管理目标执行者保存，副本由上级保存。对上级而言，经济管理目标卡片是实施管理与指导的依据，对下级而言是自我控制的标准。一般包括的内容有：一是经济管理目标名称，按目标对经济组织总目标的重要程度排列；二是经济管理目标分解，即把重点目标细分为更具体的目标；三是行动方案，即完成目标的主要措施及时间安排；四是工作条件，即上级对有关工作环境所做出的承诺、授权等；五是经济管理目标控制，即目标完成中自我检查的安排；六是自我评价，即自己对经济管理目标执行情况的评价；七是上级评价，即上级对经济管理目标执行情况的评价。

第三节 经济管理环境概述

一、经济管理环境的含义

对经济管理环境可做不同的描述，倘若把经济组织比作生物有机体，那么，经济管理环境就是指经济组织生存和发展的土壤；倘若把经济组织比作市场中的演员，那么，经济管理环境就是指经济组织开展生产经营活动的舞台。在特定的空间范围内，对经济组织的生产经营活动有影响的各种因素的总和，就构成了经济管理的环境。

二、经济管理环境的构成

经济管理环境的构成是复杂的，其因素也是多方面的，可以从不同的角度看待经济管理环境。从经济组织的拥有性或可控性角度看，经济管理环境包括外部环境和内部环境。其中，外部环境按其对经济组织发挥作用的直接性又可被分为间接环境和直接环境；按环境影响的因素划分，既有经济因素，又有自然资源、科技、人口、信息、文化等环境因素，还有政治、法律、社会的因素；按经济组织与社会的联系划分，可以由投资者、消费者、供应者、主管机关、政府管理部门、社会团体等方面构成。内部环境按作用的性质来划分，包括财产物资、组织、人力、知识、技术和信息等要素。

三、经济组织与经济管理环境的关系

（一）经济组织与外部环境的关系

外部环境与经济组织相辅相成。一方面，外部环境及其正常变化可为经济"组织细胞"的新陈代谢提供必需的场所和条件，但是外部环境与经济组织又是彼此制约的，外部环境的异常变化有时可能超越经济"组织细胞"的承受能力，甚至会破坏经济"组织细胞"，而无数经济"组织细胞"的"异常代谢"或"恶性增生"又可能导致环境的紊乱，这是非经济组织所能改变的，只能主动适应。另一方面，经济组织对外部环境也有反作用，可以在一定范围内影响外部环境。同时，经济组织还可以通过某些方面的努力，如开辟新技术、新行业，改变经济组织的公众形象，开展有效的公共关系活动等来引导外部环境朝着有利于经济组织生存和发展的方向发展。

（二）经济组织与内部环境的关系

经济组织的内部环境是从事生产经营活动的基本保证条件，是为实现经济组织的目标而形成的。内部环境中，凡是能促进经济组织目标实现的都是优势，反之为劣势。优势与劣势是可以通过自身努力加以改变的，可以把劣势改变为优势，当然，优势也有可能转化为劣势。

（三）经济组织与市场环境的交换关系

在市场经济条件下，经济组织与市场环境最基本的关系就是交换关系，这种关系可以说无处不在。经营所需要的各种资源都要通过交换才能获得，不论是经济组织所需的资金、原材料、设备、劳动力，还是技术、经验、知识、信用等，都直接或间接地来自交换关系。与此同时，经济组织向市场环境提供各种商品和服务，也无一不是通过交换来实现的。所以，与市场环境交换活动的过程组织得如何，以及获得的盈余的多寡，直接决定着经济组织的生存与发展。

任何一个经济组织都要与环境发生多种交换关系。在众多的交换关系中，都离不开交换主体，这里的交换主体主要是指与经济组织发生交换关系的对象。由于交换关系是多种多样的，因而交换主体也是多元的。在确定交换对象时，管理者必须进行市场调查，通过市场细分确定目标市场，找准为之服务的对象，明确经营目标，树立正确的经营思想。此外，还要特别考虑相关者，即竞争对手，也就是与经济组织在同一行业、经营同种业务的经营者。竞争对手不与经济组织发生直接的交换关系，但对经济组织管理的影响至关重要，是经济组织环境管理必须重视的相关者。

第四节　经济管理环境分析

经济管理环境分析包括经济管理外部环境分析和经济管理内部环境分析。

一、经济管理外部环境分析的内容

经济组织是现代社会经济的基本单位，它是一个开放性的系统，同时又是更大的社会系统中的一个子系统，与系统中的其他子系统相互联系、相互影响、相互制约，社会的政治、经济、法律、文化、信息、科技等各个方面都将对其开展的经济活动发生直接或间接的影响，由此就构成了经济组织的外部环境。分析研究经济组织外部环境，可以使我们认识和把握经济组织所处环境中的有利因素和不利因素，以及经济组织未来的发展趋势，从而提高经济组织的应变能力，为经济组织制定组织的战略决策提供较为可靠的客观依据。经济管理外部环境分析一般包括经济管理间接环境分析和经济管理直接环境分析。

（一）经济管理间接环境分析的内容

所谓经济管理间接环境，就是指能够影响所有经济组织的宏观环境，它对经济组织的影响一般都比较间接，需要通过经济管理直接环境因素反映出来。对经济管理间接环境进行分析，包括对其所有的影响因素进行分析。

1. 政治法律因素

在任何社会制度下,经济组织的生产经营活动都必定要受到政治与法律环境的规范和制约。这种政治与法律环境(也可简称为政治环境),由影响和制约各种组织和个人行为的法律、政府机构、公众团体组成。经济组织时时刻刻都能感受到这些方面的影响,或者说经济组织总是在一定的政治与法律环境下运行的。政治与法律环境的好坏影响宏观经济形势,对经济组织既可以形成强有力的保证促进作用,也可以产生巨大的负面冲击作用,从而影响经济组织的生产经营活动。对一个经济组织来说,应不断加强对政治法律环境的预测能力和适应能力。对政治法律因素的分析主要包括对社会制度,政治体制,国内外政治形势,国家的方针政策、法律法规的出台与实施等因素的分析。

2. 宏观经济因素

一个繁荣的经济背景显然对经济组织的经营是有利的。而萧条、衰退的经济背景会对经济组织的经营造成不利影响。宏观经济的状况和趋势常常是经济组织制定经营战略决策的重要依据,它包括国际国内的经济形势、经济发展阶段、经济结构、地区与行业的发展状况、未来的发展趋势等。

3. 社会文化因素

社会文化是人类在创造物质财富过程中所积累的精神财富的总和,在这里,则主要是指那些在一定物质文明的基础上,在一个社会、一个群体的不同成员中一再重复的情感模式、思维模式和行为模式。在经济组织所面临的诸方面环境中,社会文化环境是较为特殊的,它不像其他环境因素那样显而易见与易于理解,却又无时无刻不在深刻影响着经济组织的经营活动，那种无视社会文化环境的经营活动必然会陷于被动或归于失败。在分析社会文化环境时，要特别注意分析人口结构、道德规范、价值观念、民族传统、宗教信仰等社会文化因素。

4. 信息资源因素

经济管理信息是反映经济组织的活动情况、经过加工处理对经济管理活动产生影响的一系列资料和数据。它是经济组织开展经济管理的基础资源和开展经营决策的依据。经济管理信息经过人们加工、开发和利用可以表现出巨大价值，特别是计算机技术的发展使经济管理信息的作用在现代管理中得以充分发挥。经济管理信息资源分析主要包括对信息质量、数量的分析，也包括对获取信息渠道和方便性的分析。

5. 科学技术因素

科学技术是人类在长期实践活动中所积累的经验知识和技能的总和，是最活跃、最主要的生产力。要注意分析科学技术水平及发展趋势、科学技术创新动向，以及新技术、新材料、新产品、新工艺的突破情况等。

6. 自然环境因素

自然环境也处于发展变化之中，当前最重要的问题是自然原料日益短缺、能源成本趋于提高、环境污染日益严重、政府对自然资源管理的干预不断加强。所有这些，都会直接或间接地给经济组织带来威胁或机会。因此，要注意分析自然资源种类、数量和可用性，以及地形、气候等情况。

（二）经济管理直接环境分析的内容

所谓经济管理直接环境因素，就是指能直接影响经济组织开展的经济活动，以及与市场直接相关的一些环境因素。上述各种经济管理间接环境因素，常常是通过经济管理直接环境因素对经济组织发生作用和影响的。要对经济管理直接环境进行分析，就要对其有直接影响的因素进行分析，一般包括如下几个方面：

1. 需求因素

需求因素主要是指市场对经济组织所提供的产品或服务的需求状况。其中，用户的基本情况、购买能力、需求容量等是最主要的直接因素，要特别重视对它们的分析。

2. 竞争因素

竞争因素主要是指竞争对手在产品生产经营方面的竞争状况。对竞争因素的分析，包括对竞争对手状况（竞争厂家数、生产总规模、竞争能力等）、竞争态势（竞争激烈程度、市场占有与分割情况、主要竞争策略和竞争领域）、潜在竞争因素等的分析。

3. 分销因素

分销因素是指营销渠道网络状况以及中间商销售规模和能力大小等。分销因素是关系到经济组织能否将其提供的产品或服务向市场顺利输出以实现再生产过程的重要影响因素，需要加强对分销因素的分析研究。

4. 政策因素

政策因素是指能直接对经济组织开展的经济活动发生影响的有关政策。对政策因素的分析，主要注重分析研究各级政府、行业主管机关、群众团体、金融机构等提出的有关政策、法令、法规、指示和各种要求等。

5．资源因素

资源因素是向经济组织投入的资源性因素。对资源因素的分析，主要包括对生产设备、原材料、外协元器材、零部件、能源等物资以及资金、劳动力等的供应、来源及其开发情况的分析。

二、经济管理内部环境分析的内容

所谓经济管理内部环境，就是指在经济组织内存在并为实现生产经营目标提供基本保证的、除了社会环境因素之外的各种因素。经济管理内部环境分析通常包括经济组织一般情况分析、经济组织经营实力分析，以及经济组织内部各要素的状况、结构及原因分析三个方面。

（一）经济组织一般情况分析

根据经济组织制定的经营战略和经营计划的要求，经济组织一般情况分析包括如下内容：

1．领导者素质和员工素质分析；

2．发展情况分析；

3．经济管理素质分析；

4．技术素质分析；

5．生产条件分析；

6．营销情况分析；

7．财务、成本和经济效益分析；

8．资源供应分析；

9. 组织结构分析。

（二）经济组织经营实力分析

经济组织是否存在优势，集中反映在经济组织的经济实力上，这方面的分析包括如下内容：

1. 产品竞争能力分析；

2. 技术开发能力分析；

3. 生产能力分析；

4. 市场营销能力分析；

5. 产品获利能力分析。

（三）经济组织内部各要素的状况、结构及原因分析

1. 现状分析

现状分析是指针对经济组织内部环境的不同要素的现实情况开展调查分析，了解其数量水平和质量状态。这项分析的特点是：单一性，即分列各种要素，逐一进行分析；表象性，即着重考察各项条件外显的种种特征。现状分析工作是由表及里深入分析的基础，这在大多数情况下是非常必要的。

2. 结构分析

结构分析是指对构成经济组织内部环境诸要素之间的相互关系，包括数量比例、空间位置、质量要求等的合理性进行调查研究。根据系统学说关于"结构重于要素"的基本原理，经济组织能力大小，固然取决于经济组织各构成要素生产力的强弱，但更取决于要素间的结构状况。若结构不

合理,强要素可能相互抵减,造成资源的严重浪费(人力虚耗、物力闲置等);若结构合理,强弱要素匹配互补,可以产生强大的协作力。

3. 原因分析

原因分析是针对现状分析或结构分析中所发现的问题,研究问题产生的原因。原因分析在经济组织内部环境分析中至关重要,因为只有准确地查明问题的原因,才能使经济组织决策者采取根本性的解决措施。在分析原因的过程中,应注意对潜在问题和潜在原因的分析,以增强经营决策的预见性。

第三章　宏观经济管理

在全球经济一体化趋势不断加强的今天，我国只有根据国际经济变化的趋势，对宏观经济管理进行创新策略的调整，才能够适应国际经济发展的实际需要。

在社会主义市场经济条件下，统一、开放、竞争、有序的现代市场体系对宏观经济运行具有基础性的调节作用和推动作用。市场的作用体现在以下几方面：能对社会资源进行有效的配置；客观地评价企业经济效益的好坏；能自动调节商品供求关系；能及时地反映和传递各种经济信息。

为弥补"市场缺陷"，有必要加强宏观经济管理。市场机制不是万能的，具有自身缺陷，如市场机制调节的盲目性、滞后性、短暂性、分化性和市场调节在某些领域的无效性，这就需要通过国家宏观经济管理来弥补市场缺陷。在市场经济条件下，发挥市场配置资源优越性的条件之一，就是要保证市场竞争的公平。但单靠市场自发调节，并不能确保市场竞争的公平，还容易形成市场垄断和过度投机，破坏公平竞争机制，造成市场秩序混乱。政府通过建立保障市场经济有序运行和公平竞争的制度规范，进行严格的市场监管，加强宏观经济管理，从而保障市场公平交易，促进国民经济持续、快速、健康地发展，更好地发挥公有制的优越性，维护公平分配和国家整体利益。

第一节　宏观经济总量平衡

　　宏观经济总量平衡是宏观经济运行的基本要求，也是宏观经济管理的主要目标。社会总供给与社会总需求是宏观经济运行与管理中两个最重要的指标。在宏观经济管理中，宏观经济运行的各种变量最终都要被归结为社会总供给与社会总需求两个总量。通过对这两个总量进行科学的调节和控制，可以促进国民经济健康协调发展。

一、宏观经济的相关概念

　　社会总供给：是指一个国家或地区在一定时期内（通常为一年），全社会向市场提供的可供购买的最终产品和劳务的价值总和。它包括国内生产提供的部分与进口的商品和劳务总量。

　　社会总需求：是指一个国家或地区在一定时期内（通常为一年），全社会通过各种渠道形成的对产品和劳务的购买力的总和。按社会总需求性质划分，可分为消费需求、投资需求和出口需求三部分。

　　社会总供求平衡：是指一个国家或地区范围内，同一计算口径、同一时期内，社会总供给与社会总需求在总量和结构上协调的一种经济状态。这种状态包括总量平衡和结构平衡。

　　要理解社会总供求平衡这一问题，应注意以下几点：第一，总供求平衡不是指绝对相等，而是指两者基本平衡或基本协调；第二，总供求平衡不仅包括静态平衡，更重要的是指动态平衡；第三，总供求平衡既包括总量平衡也包括结构平衡；第四，总供求平衡既包括短期平衡，也包括长期平衡。

影响短期总供求平衡的因素主要有：财政收入平衡、信贷收支平衡、国际收支平衡。

影响长期总供求平衡的因素主要有：社会资源的配置状况，技术水平和管理水平的高低，产业结构是否合理，经济管理体制是否科学、合理。

实现总供求平衡是宏观经济管理的最终目标。实现总供求平衡对宏观经济的顺利运行具有重要意义，具体来说：第一，实现总供求平衡是保持国民经济持续、快速、健康发展的基本条件；第二，实现总供求平衡有利于社会资源的合理配置和经济效益的提高；第三，实现总供求平衡有利于经济体制改革和产业结构的调整。

二、社会总供求平衡的意义

社会总供求平衡是国民经济的持续、快速、健康发展的前提条件。持续、快速、健康发展国民经济是宏观经济管理的基本目标，而社会总供求平衡是国民经济持续、快速、健康发展的前提。在这里，社会总供求在量上的平衡，则保证了国民经济持续有序运行的可行性和现实可能性，而社会总供求在结构上的平衡，则保证了国民经济能按比例协调、健康地发展。

社会总供求平衡是优化资源配置和经济结构的基础。资源配置合理和经济结构优化，既是社会经济效益提高的主要保障，也是宏观经济管理的重要目标之一。在社会总供求基本平衡的条件下，国民经济各部门、各行业之间有一个大体平均的利润率，生产要素在各部门间、行业间的流动处于一种比较稳定的状态，有利于促进社会资源合理配置和经济结构的优化及国民经济效益的不断提高。同时，社会总供求基本平衡，也是进行经济结构调整的有利时机。这时，供给的压力和需求的拉力同在，企业为了获得更多利润，会主动地进行产业结构和产品结构的调整，以更好地适应需求结构的变化。社会总供求平衡是提高城乡居民生活水平的重要保证。在社会总供求基本平衡的条件下，与广大城乡居民生活息息相关的物价基本稳定，就业比较充分，商品供给充裕，服务周到，收入水平稳步增长，居民的物质文化生活水平不断提高。

社会总供求平衡是实现社会经济发展战略目标的重要条件。任何一个国家都有其社会经济发展战略目标，要保证这些战略目标的实现，就需要良好的社会经济发展环境。只有社会总供求基本平衡，国民经济才能持续、快速、健康地发展，进而才能在社会经济发展的基础上，促进经济、社会、生态、人的全面发展等诸多发展战略目标的实现。

第二节　宏观经济的周期性波动

经济周期是指宏观经济在运行的动态过程中，其运行扩张与收缩的交替变动。宏观经济周期性波动是一种客观必然现象。

经济周期通过经济增长率、工业生产指数、就业水平、收入水平等综合指标的波动显示出来。经济周期包括萧条、复苏、高涨和衰退四个紧密联系的过程，具体表现为谷底、扩张、顶峰和萎缩四个阶段。

经济的周期性波动，是社会总供求的矛盾及许多其他矛盾共同作用的结果。从中华人民共和国成立后经济的历次周期性波动中，可以发现我国经济周期波动有以下主要特点：第一，我国经济周期波动比较频繁，时间间隔不规则；第二，我国经济周期的波动受政府行为影响较大；第三，我国经济周期波动与固定资产投资及通货膨胀（或紧缩）因素息息相关；第四，我国经济周期波动与产业结构不合理有很大关系。经济的周期性波动会影响宏观经济的正常运行，造成经济震荡。为保持国民经济持续、稳定、快速、健康地发展，在宏观经济管理中，需要做到以下几点：第一，要科学地制定宏观经济政策，确定合理的经济发展速度；第二，适当地控制固定资产投资规模，特别要注意优化投资结构；第三，综合运用各种手段，对宏观经济进行调控。

经济在沿着经济发展的总体趋势增长的过程中，常常伴随着经济活动的上下波动而呈现出周期性变动的特征，即经济活动沿着经济发展的整体趋势进行有规律的扩张和收缩。这种现象被称为周期性的经济波动。

一、我国宏观经济的周期性波动

经济周期性波动是现代经济社会具有的一种普遍现象。马克思指出，经济周期是"现代工业特有的生活过程"。这种过程实质上反映了宏观经济在运行过程中反复出现的对其均衡状态的偏离与调整过程。我国宏观经济周期大体经历周期性的四个阶段：繁荣、衰退、萧条和复苏。

我国国民经济发展历程表明，经济增长始终与经济波动相伴而行。特别是改革开放以来，因受世界经济格局、经济体制基础、经济运行机制、经济结构和宏观调控政策等内外部因素变化的影响，我国的经济周期性波动特征更加明显。

从总体趋势看，波谷的不断上升表明我国经济发展增强了抗衰退能力；波峰的不断下降表明我国经济在一定程度上减少了扩张的盲目性，增强了发展的稳定性；平均位势的提高表明我国经济克服了"大起大落"，总体水平有了显著提高；周期的扩张表明我国经济发展有了更强的持续性。总的来说，我国经济的周期性波动在体制变革与经济增长的相互作用中，波动振幅趋于平缓，经济增长形态有了较大的改善。

二、宏观经济政策变化对银行业产生的重大影响

经济发展呈现周期性波动是客观存在的。只有认识规律、掌握规律、合理利用规律，才能有效地促进银行业持续、良性发展。其中，国家根据经济运行状况实施的宏观经济调控，对银行业影响最深刻。其对银行的影响主要体现在以下几方面：

第一，银行信贷供求矛盾突出。国家实行宏观经济调控后，受国家宏观调控和产业政策调整的影响，银行在减缓发放贷款特别是流动资金贷款的同时，也加快了清收力度，银行的信贷供给受到压缩，但是市场上的信贷需求由于是刚性的，并没有立即相应地缩减，这种供求矛盾必将影响企业的经营，影响银行的效益，银行的信贷风险加大。宏观调控对于泡沫经济的影响给银行带来的冲击更是剧烈的。

第二，信贷结构不合理现象加剧。一是大户贷款风险集中问题突出。宏观调控实施后，出于控制风险的考虑，银行将贷款营销对象进一步锁定在少数规模相对较大、当期效益较好的大型骨干企业。当效益较好的企业

随着行业景气度下降或新一轮宏观调控影响而出现问题时，就会给银行带来集中风险。并且，银行"扎堆"竞争营销大企业贷款，可能还会带来贷前调查的放松、贷款条件及流程的简化等违规行为。二是贷款行业结构趋同现象突出。目前，不少银行机构在贷款投向上，偏好电力、电信、教育、交通等行业和建设项目，各家商业银行贷款结构趋同现象加剧。由于这些授信对象大多具有项目工期较长、资金需求量大、受政策影响较大等特点，因此存在严重的风险隐患。三是贷款结构长期化和存贷款期限不匹配问题突出。"重营销、轻风险""重余额、轻结构"等状况给信贷资产带来隐患。

第三，不良贷款攀升，经营难度加大。一是银行新增贷款对不良贷款率的稀释作用明显减弱。二是企业资金紧张的心理预期，可能加剧信贷整体风险。在银根总体抽紧、流动资金供应相对减少的情况下，一些企业担心得不到银行稳定的资金支持，在有还贷能力的情况下"惜还"或"拒还"贷款，会增加银行贷款风险。一些企业在银行收回贷款、原材料涨价和应收账款增加的夹击下，可能会产生资金链条断裂的危险，影响到企业的正常经营，进而影响到上下游企业和关联企业的经营，最终可能引起整个银行业金融机构不良贷款的上升。此外，银行受约束限制，正在或准备对部分授信客户实施压缩或退出政策，如果方式不当或力度过大，也可能产生连锁反应。三是考虑到宏观调控措施对一些行业和企业影响的时滞因素，潜在风险将会在较长一段时间内逐步显现，不良贷款在一定范围内可能有所反弹。

作为经营货币特殊的金融企业，银行是典型的宏观经济周期行业，不管是利率、汇率变动，还是全球经济波动，银行都会首当其冲，暴露在风险之下。在我国间接融资占主体的融资框架下，商业银行信贷资产在不同的经济周期内，风险大相径庭。在经济繁荣时期，因为企业盈利情况良好，贷款质量往往不会发生问题；但在经济衰退时期，除直接影响银行经营收入外，还可能因为企业经营与效益受较大影响，给银行带来新一轮的不良资产。此外，商业银行贷款规模的扩大成为我国固定资产投资高速增长的重要推动力量，但经济过热后的宏观调控，又让银行成了风险的主要承担者，银行信贷规模增长速度和投向受到"压制"，必将给银行的经营带来较大的风险。

三、银行业应对经济周期变化的对策建议

（一）加大对经济形势和国家宏观政策的研究，建立宏观经济周期变化的提前反应机制

建立服务于决策层的专门机构，负责研究国家的财政政策、货币政策、产业政策等宏观政策。加强宏观经济运行情况分析，把握金融监管当局的政策取向，了解全国各地区的经济发展情况，提出商业银行业务发展的重点区域、行业。密切关注国家产业政策的变化，加强对行业信贷投放的跟踪分析，准确把握贷款投放行业的发展前景、市场空间及市场容量，强化对行业信贷授信的总量研究与控制，化解宏观经济周期波动造成的风险，避免因与国家或监管当局的政策抵触而导致的政策风险，从战略高度确定银行业务发展的重点方向。

（二）调整优化信贷资产结构，建立适应宏观经济周期变化的"最优"资产组合

要减少宏观经济周期变化的冲击，关键要转换存量，优化增量，增加宏观政策支持或处于景气上升期的行业的信贷资产，减少受宏观调控影响大或处于景气下降期的行业的信贷资产，建立一个多元化的有利于风险分散与效益最大化的资产组合。

1. 结构性调整新增资产

从总量入手，着力解决结构性的问题，一方面控制部分行业的过度投资和盲目发展，另一方面大力支持和鼓励一些薄弱行业的发展。即使对于过热行业，在政策上也不搞"一刀切"，该控制的坚决控制，该支持的大力支持。结构调整主要从以下三个方面着手：行业结构调整、客户结构调整、资产结构调整。

2. 针对性优化存量资产

对于经济周期转向萧条或因宏观调控而使得风险程度增加的贷款要执行信贷退出政策，将风险性贷款转换为现金或者较为安全的贷款。对已经转化为不良资产的贷款，要引入不良资产的处置程序。对风险程度较高、出现一定支付危机的企业，应果断对其停止贷款，并通过采取多种措施积极回收贷款，无法回收贷款的要采取资产保全措施。对出现风险因素但还有正常的现金流量和支付能力的企业，要以收回贷款为导向，采取以进促退、逐渐退出的策略，通过增加贷款、增加抵押物和担保等措施来保证贷款的安全。

（三）加强利率风险管理，构建顺应宏观经济形势的资产负债管理体系

1. 经济周期与利率的关系非常密切

一般来说，在周期的萧条阶段，利率水平最低；当经济走向复苏时，利率开始缓慢回升；到繁荣阶段，利率水平达到最高。随着我国金融体制改革的进一步深入，利率市场化成了我国金融市场的改革方向，利率管理必将对商业银行经营与发展产生深远的影响。商业银行应审时度势，强化利率风险管理，及时调整自身的经营战略，实现高质量的发展。

2. 建立科学高效的利率定价机制

强化利率管理分析，科学、准确地预测利率变动方向、水平、结构和周期特点等，形成对金融市场的快速反应能力，尽量减少因利率变化而引起的负面影响。不断改进利率定价方式，根据金融市场总体利率水平，以及贷款费用、贷款收益、风险差异、同业竞争情况等因素，确定全行的基准利率，提高利率管理的效力。

3. 建立完善利率风险控制体系

强化管理，建立严格的利率管理规章制度，规范操作行为。加大对利率执行情况的调查、检查和监督力度，防范利率风险。

构建以利率风险管理为核心的资产负债管理体系。强化利率风险管理意识，逐步确立利率风险管理在资产负债管理中的核心地位，确保资产与负债总量平衡与结构对称。明确有关部门在利率风险管理规划、识别、计量、监控、评价等方面的权利和职责，引入利率敏感性分析和缺口管理技术，建立利率风险限额管理体系，确保利率风险头寸被控制在可以接受的范围

之内，把利率变动造成的负面影响降到最低，确保商业银行经济效益的稳步提高。

（四）建立全方位的风险监管体系，加强宏观经济周期变化的风险控制

建立完善的风险管理体系，切实防范和化解金融风险，既是银行风险管理的重中之重，也是应对经济周期变动、实现可持续发展的一种现实选择。

1. 建立前瞻性的风险监管体制，加强风险预测

以周期为基础来评估信贷资产的当前风险和未来风险，预测信贷项目的违约概率和未来可能发生的消极影响，并按照理性支持业务发展的要求，根据宏观经济形势、竞争态势，及时调整风险管理政策、程序和方法，全面提高风险管理政策的前瞻性与适应性，提高风险管理的效率。

2. 建立立体化的风险监控体系，加强风险管理

进一步完善公司法人治理结构，明确董事会与经营层之间的权利和责任。董事会通过风险管理委员会对风险管理进行整体战略决策；通过独立而有权威的风险管理部门实现对银行内各机构风险的有机统一管理；通过科学完整的风险识别、衡量、监测、控制和转移实现对风险的全过程监理；通过合理明确的职能划分来实现风险管理职责在各业务部门之间、上下级之间的有效协调、联动管理。

3. 建立完善的风险准备制度，提高抗风险能力

国际上的大银行都把风险准备制度作为防范风险损失的最后防线和生存的保障。当前，我国商业银行的风险管理体系并不完整，风险管理水平也不高，风险准备制度对于银行的持续经营就更为重要。因此，商业银行

应当利用宏观经济繁荣的有利时期，抓住盈利空间扩大的机遇，防止未来的风险损失给银行持续经营带来影响。

（五）利用经济周期变化，提高不良资产的处置回报率

经济衰退期，往往是不良资产大量暴露的时期，也是商业银行急于处置不良资产的时期。但是，有一个事实是客观存在的：一些行业或项目在这个经济周期是不良资产，到下一个经济周期可能又转化成了优良资产，这里有一个处置不良资产的时机问题。金融业必须把握好经济周期变化的规律和特点，善于利用经济周期变化处置不良资产。要建立一种评估和盘活机制，对一些行业或项目，宁可牺牲资金的时间价值，也不可盲目处置。

（六）加快金融创新，增强适应宏观经济周期变化的竞争能力

创新是企业生存与发展的动力。当今，在金融创新的实践过程中产生了前所未有的新工具、新技术和新市场，很大程度上革新了金融业传统的业务活动和经营方式，改变了金融总量和结构，促进了金融和经济的快速发展。在传统的银行经营理念下，银行经营更多地体现在存、贷款业务上，由于业务单一、产品缺乏，造成银行业受经济周期变化的影响极大，如果排除国家信誉这一保障因素，在经济剧烈波动的情况下，银行经营将难以为继。因此，银行业必须加大业务创新力度，不断研发趋利避害的产品和措施，以更好地适应经济周期的变化。

1. 经营模式创新

简言之，就是要加快发展投资银行业务，实行"混业经营"。所谓"混业经营"，是指商业银行经营保险、证券等金融业务。按照当前我国金融

发展的实际，银行可以采用金融控股公司模式进行混业经营，满足多元化的经营需求。当务之急是要大力发展投资银行业务，利用我国市场发展的有利时机，将证券筹资者、投资者、券商、基金及其他中介机构作为重点，为证券发行、证券交易、融资融券、委托代理等方面提供服务，同时要注意为今后进一步的"混业经营"积累经验。时机成熟以后，有选择性地通过控股子公司，经营保险、证券等金融业务。

2. 业务方式创新

随着外资银行的进入，国内银行垄断竞争的态势被进一步打破，传统资产负债业务的利润空间将被进一步压缩，银行不可避免地要进入微利时代。因此，必须加大业务方式创新力度，以积极应对经济周期的变化和市场竞争的变化。业务方式的创新包括资产业务创新、负债业务创新、表外业务创新等方面。

3. 品牌管理创新

现代金融市场竞争是品牌竞争。一般来说，品牌不随着经济周期的变化而变化，是银行刚性的竞争力，也是银行应对经济周期变化甚至经济危机冲击的最稳定的基础。要想让品牌具有长久旺盛的生命力，就要制定和推广品牌战略，通过持续不断的创新，促进产品更新、换代升级，培育新的品牌增长点，不断提高银行的竞争力和品牌价值。

第三节 对宏观经济的监督

对宏观经济进行监督的形式主要有三种：第一，依靠综合经济管理部门进行经济监督；第二，依靠行政手段对经济活动进行监督；第三，依靠法律手段进行经济监督。要依照依法治国的基本方略，加强对宏观经济的监督。首先，需要完善各种经济法律法规，做到有法可依；其次，要加强执法和监督力度，提高执法水平，切实做到有法必依，执法必严；最后，推进司法体制改革，建立权责明确、行为规范、监督有效、保障有力的执法体制。

随着市场经济的深入影响，我国经济体制发生了日新月异的变化。而宏观经济政策一直以来都是我国主要的经济调控手段，它可以保证大部分公民稳定地就业，遏制物价上涨和下跌，同时也能够保证经济进入稳定的增长阶段，保证净出口收入和支出的均衡。而对于宏观经济政策的调控主要取决于国家审计机关的合理监督和管理，这也是保证社会安定的重要基础。

一、界定职责，创造审计条件

针对目前审计部门在审计风险及审计职责范围方面存在的问题，首先，政府部门需要修订目前的《中华人民共和国审计法》，并且在法规中明确界定国家审计部门对国际宏观经济政策的实施具有监管职能，能够参与宏观经济调控政策、经济项目、国企发展等重要项目的决策和修改，从而为审计部门创造基本的审计条件，保证对于经济政策的审计监管能够有效达成。

二、扩大范围，保证全面监管

对于目前的审计情况而言，需要扩大审计部门的审计范围，坚持以预算审计为中心，同时加强对财政政策方面的审计监管，如对财政税收政策和政府决策的落实情况进行监管，同时对于政府方面的债务情况进行审计，保证审计过程的有效性和合法性，让审计能够更加全面和完善。

三、关注扶助，保证政策落实

对于目前审计存在的问题，审计部门首先需要重点关注一些国家扶助产业的政策落实与监管情况，保证中小型企业的优惠政策得到推广和落实，让中小企业能够长久地发展，同时普及国家减负政策，让企业坚持按照政策履行自身的社会责任及义务，同时遏制与杜绝乱收费现象，保证审计的质量及效率。

四、公开流程，接受民众监督

为了保证审计的公平性及透明化，审计部门应当对审计流程进行筛选，对于涉及国家机密及信息安全的流程不予公开，而对于一些宏观经济调控政策或者惠民扶助政策的审计，都需要通过公告进行公示，从而让群众对审计的流程和内容享有知情权与监督权，也能更好地体现出"宏观经济政策本身就是服务于人民"的基础思想。

审计工作本身就是一个比较注重效果及流程的工作，对于审计部门而言，要想提升审计的有效性，首先就需要提升自身的审计要求，扩大审计的范围以及监督管理的力度，关注国家的一些扶助政策，保证政策的合法性和切实性，同时保证审计的流程公开化、透明化，让审计工作能够更好地推动国家的发展，为人民服务。

第四节 宏观经济管理的主体

宏观经济管理的主体是国家各级政府。政府具有其独特的职能，体现在以下几方面：

一、政府在宏观经济运行中的基本职能

（一）维护产权制度

产权明确界定及其保护，是市场经济存在与发展的基本前提。因为，市场经济是一种交换经济，交换的顺利实现是市场经济正常运行的保证，必须以产权的明确界定为基础，以产权保护为条件。实践证明，市场经济越发展，经济关系越复杂，产权界定和保护越重要。我们看到，现代国家的宪法都把保护财产权作为一项重要原则加以明确，但是在实践中，产权界定问题并没有完全解决。在市场经济不断发展的过程中，会形成新的产权关系，出现新的产权问题，使产权界定和保护的难度加大，如公共产权问题、知识产权问题等，都需要以新的思路，探索新的办法加以解决。

（二）维护市场秩序

市场经济是竞争经济。在市场经济条件下，追求利益的最大化，是商品生产者和经营者的直接动机，而为了实现利益的最大化，就可能出现不良竞争问题，导致市场无序和经济震荡，使市场经济无法正常运行。另外，市场竞争作为优胜劣汰的过程，其结果是市场份额逐步向少数优势企业集中，最终市场被少数乃至单个企业所控制，形成垄断。而在垄断条件下，垄断企业不必采取改进技术、降低成本、加强和改善管理等手段，只要控制垄断价格，就可以获得垄断利润，结果使经济发展失去活力和动力。可见，无论是无序竞争，还是垄断，都不利于市场经济的健康发展。为此，作为宏观经济管理主体的政府，必须从经济发展的全局出发，承担起维护正常市场秩序的责任。通过制定规则，约束市场竞争主体的行为，对任何破坏市场秩序的竞争行为实施打击；通过制定法律，限制市场垄断，以保持市场竞争的活力。

（三）调节社会总供求关系

社会总供给与社会总需求的平衡，是市场经济正常运行的根本条件。社会总供给与社会总需求的平衡，实际上包括相辅相成的两个方面，即总量平衡和结构平衡。总量平衡是结构平衡的前提，结构平衡是总量平衡的基础。在自由竞争条件下，社会总供求的平衡是通过市场机制的自发作用实现的。但实践表明，仅靠市场的自发作用，要经常保持社会总供求的平衡是困难的，而且要付出沉重的代价，因为市场机制的作用具有盲目性。作为市场活动主体的企业，被本身地位所局限，很难通过全面掌握经济活动信息来正确预测和把握整个经济发展的方向和趋势，并使自己的投资行为与之相符。当这些盲目行动在一定条件下汇集成强大合力的时候，经济失衡就不可避免地发生了。为了避免出现严重的经济失衡或一旦失衡能尽快恢复平衡，就需要由了解和掌握经济发展全局的政府对社会总供求关系进行主动调节。

二、政府在市场失灵领域中的职能

（一）抑制垄断势力

经济学理论认为：企业规模大会带来效率，但也会带来市场权势和竞争的自由。竞争的自由可能蜕变为串通的自由或吞并竞争对手的自由。所以，政府需要采取措施来抑制垄断势力。政府常常控制垄断企业的价格和利润，如对地方公用事业的控制、禁止合谋定价等。

（二）控制外部效应

当社会人口更加稠密，能源、化学制品和其他原材料的生产量更快地增长时，负数溢出效应（或负外部效应）就由微不足道的损害而增长成为重大威胁。这就是政府参与的意义。政府必须制定法规（如反污染法、反吸烟条令）来控制外部效应，如空气和水的污染、不安全的药品和食品，以及放射性的原材料等。需要政府来控制由于市场机制而引起的一些较坏的外部效应。

（三）促进社会财富公平分配

市场经济既然是以承认差别为前提的竞争经济，那么在竞争基础上出现收入差距甚至差距不断拉大就是一种合乎规律的经济现象。必须看到，没有差距就没有效率，否定收入差距，就不可能有真正的市场经济。但是，收入差距过分拉大，反过来也会影响效率，影响经济的稳定发展，引起社会两极分化及不同阶级和利益群体的严重对立。单靠市场机制来调节收入分配，无法形成既能促进经济效率不断提高，又能促进社会和谐、稳定的公平合理的社会分配关系。市场调节的不足，需要由政府主导的收入再分配来弥补和纠正。政府的收入再分配职能主要通过财政收支来实现。随着政府收入再分配职能的系统化、规范化发展，社会保障制度也逐步建立健全，成为政府对收入分配关系实施调节的重要途径。

三、政府在开放经济中的职能

在开放经济条件下，政府正确地认识到自身所面临的优势与劣势，并在相应的发展过程中扬长避短是最为重要的。为此，就需要政府在以下几个方面发挥其积极的干预作用：

（一）根据国际贸易条件，确定合理的主导产业

这通常需要考虑以下因素：国际上先进国已有生产者的竞争力所带来的劣势，国际市场的有利条件，国内要素的结构。只有如此，才能建立起一批能够参与国际竞争的主导产业，并通过国际贸易获得利润而实现资本积累，进而增加就业机会，带动国内其他相关产业的发展。当已经建立起来的主导产业的市场趋于饱和时，便应采取果断措施进行产业的调整，以便通过主导产业的更新换代来保持不衰的国际竞争力。

（二）吸收先进国的技术优势，加快经济发展

当然，吸收的技术要符合本国的产业特征，不合适的则要加以改进。吸引外资发展本国经济被证明是一条可行的途径，但外资所有者与后进国政府在合作中必然存在利益的矛盾，如何管理外资、发展本国产业是个关键的问题。

（三）为国内企业家参与国际竞争提供必要的支持

开放经济使国内市场与国际市场连在一起，如果没有政府给予企业家必要的支持，那么，国内企业无论是在本国发展还是在国外投资都将面临很大的风险。

（四）建立符合本国的制度安排，并使这些制度安排与国际接轨

发展中国家使本国的制度安排尽可能地与国际接轨，主要有以下两个方面的好处：一是可以提高国际竞争力；二是可以减少对外开放的交易费用。

四、政府在经济转型期的职能

政府在市场经济的建立、完善和管理上，以及在社会环境的改善等方面有许多职能，主要是：

（一）推动市场体系的建立和完善

当市场体系尚未建立和完善的时候，政府不发挥积极的作用，可能会导致更多的经济问题和社会问题。因此，政府不仅要积极推动社会变革，而且还要尽快促进市场体系的形成和完善。

（二）促进社会保障体系的形成

中国作为一个人口大国，原来在社会保障方面的基础比较薄弱，依靠国有企事业单位的微薄力量来维持就业和基本生活保障。而大量国有企业经营效率低下，在改革中企业破产、兼并、重组的进行必然会出现人员裁减现象，剩余劳动力大量流向社会，造成失业队伍迅速扩大，这就向我国的社会保障体系提出了挑战。不解决好这些问题，就不能保持社会的稳定，就会影响改革的顺利进行。因此，建立健全我国的社会保障体系，积极筹集和合理分配养老金、失业金、医疗保险金、贫困救济金等，单靠企业或个人的力量是难以做到的，政府在其中有着任何其他社会组织无法替代的作用。

（三）有效管理国有资产

原来的计划经济体制国家中，国有资产都有相当大的规模，国有经济一般占据着国民经济的主导地位。因此，在改革的过程中，防止国有资产流失，实现国有资产保值和增值，提高国有资产的运营效益，是政府义不容辞的责任。

（四）治理自然环境和社会环境

在许多国家的发展过程中，自然环境和社会环境都有不同程度的恶化。这实际上是对未来的一种"透支"。人们不但要忍受环境污染和社会秩序恶化所带来的种种短期后果，还将在未来为此付出更高的代价。因此，从长远和全面的角度来看，政府应该责无旁贷地对此采取积极的管理措施。

第五节　宏观经济管理目标

宏观经济管理目标是指一定时期内，国家政府对一定范围内经济总体进行管理所要达到的预期结果。宏观经济管理目标是宏观经济决策的首要内容。从我国社会制度、经济体制和目前的国情出发，我国宏观经济管理目标应是：在有利于发挥市场基础调节作用和企业自主经营、增强活力的情况下，通过正确发挥政府宏观经济管理职能，保证整个国民经济持续、快速、健康地发展，以达到不断取得较好的宏观效益、提高人民物质和文化生活水平的目的。

宏观经济调控是社会主义市场经济的重要组成部分。宏观经济管理目标主要有经济稳定目标、经济增长目标、宏观效益目标、生活水平目标等。

一、经济稳定目标

（一）经济总量平衡

经济总量平衡是指社会总供给与社会总需求在总量和主要结构上的基本平衡。在宏观经济调控中总量能否平衡是一个主要矛盾。抓住这个主要矛盾把总量控制住，就不会造成大的经济波动，以引导整个国民经济健康运行，为微观经济创造一种合理顺畅、公平竞争的宏观经济。

（二）国际收支平衡

国际收支平衡是指国际收支净额即净出口与净资本流出的差额为零。

货币往来是指经济交易。国际经济交易按其性质可分为自主性交易和调节性交易。随着对外开放政策的深入贯彻，我国经济对外联系日益扩大，使对外经济关系出现了新变化，主要表现为国际收支平衡与国内经济稳定增长。国内经济平衡与国际收支平衡存在相互依存、相互制约的关系。国内经济可以把不平衡的矛盾适度转移到国际收支环节，以利于维持国内经济在一定时期内稳定增长。

（三）物价稳定

物价稳定主要有三种含义：一是指物价总水平的稳定；二是指主要商品特别是某些主要消费品物价总水平的稳定；三是指物价上升水平稳定地低于居民平均收入增长的水平。保持物价总水平的相对稳定，其衡量的主要指标是物价总指数。我国市场经济的价格机制绝不是政府对价格撒手不管。物价总指数的上升趋势使各种商品的比价在动态中变化，有利于价格体系的改革和经济结构的调整，但价格改革必须在国家宏观调控之下，以防引起通货膨胀。只要物价上涨的幅度是在社会可容忍的范围内，即认为物价稳定。

二、经济增长目标

宏观经济管理不仅要稳定整个国民经济，更重要的是还要促进其不断发展。

（一）适度投资规模

这是影响经济增长的直接因素。所谓适度，就是既能满足一定的经济增长需要，又充分考虑一定时期内人力、物力、财力的可能。

（二）合理的产业结构

产业结构合理，经济良性循环，经济效益提高；反之，经济运行受阻，经济效益下降。调整产业结构主要有两条途径：一是调整投资结构，通过增减对某种产业的投资而影响其发展速度；二是改变现有企业的生产方向，促使一些企业转产。

（三）科学技术进步

要使经济增长，必须重视科学技术的发展。

三、宏观效益目标

宏观经济管理所追求的效益是指宏观效益。

（一）宏观经济效益

宏观经济效益既表现为一个国家一定时期内国民生产总值或国民收入的增加，又表现为一个国家一定时期内人民物质文化生活水平的总体提高。宏观经济效益是国民经济各部门、各单位微观经济的综合。因此，在一般情况下宏观经济效益与微观经济效益是统一的，但有些情况下也存在矛盾。因为有些经济活动在局部看来是合理的，但在全局看来是不合理的，因此其局部经济效益的提高就不会促进宏观经济效益的提高。在这种情况下，国家政府就要运用一定的宏观经济管理手段，引导经济行为，使微观经济效益与宏观经济效益尽量达到统一。

（二）社会效益

社会效益是指在经济发展中，某些经济行为，如产品的生产、利润的增加、技术的采用等，对整个社会的发展和进步所产生的作用及影响，主要表现在精神文明建设方面。如果某些经济行为对社会发展和进步，以及人类精神文明建设有积极作用和影响，就称为正社会效益，否则就是负社会效益。宏观经济管理不仅要追求较好的宏观经济效益，而且也要追求较好的社会效益。

（三）生态效益

生态效益是指经济发展对生态平衡、环境保护所产生的影响。现代化生产为自然资源的合理开发创造了条件，但是也为环境污染和生态平衡的破坏提供了可能。环境保护、生态平衡是关系到资源再生和人类生存的大事，因此在宏观经济发展中不仅要追求经济的快速发展、先进技术的采用和劳动效率的提高，而且要注意生态效益，使经济发展有利于环境保护和生态平衡。

四、生活水平目标

不断满足广大人民日益增长的物质文化生活水平的需要是社会主义的生产目的，也是宏观经济管理的最高目标。在整个国民经济发展中，经济稳定、经济增长和宏观效益的提高都是人民物质文化生活水平不断提高的直接影响因素和前提条件。

第四章 绿色经济管理

第一节 绿色经济概述

一、绿色经济的内涵

本章提到的"绿色",不是一般意义上的"青中带黄"的颜色,也不是仅指绿色的植物,而是指一切与自然和谐相处、不产生污染的过程,是生机勃勃的象征。

早在20世纪60年代,国际上针对粮食作物中存在的易倒伏、不耐肥、产量低等问题,利用矮化基因,再辅之良好的灌溉条件、化学肥料和农药等措施,培育成矮秆、耐肥的高产品种,从而进行了农业生产变革,实现粮食自给,开创了世界历史的新纪元,当时人们将这场具有历史意义的改革称为"绿色革命"。但从狭义的角度来看,这场革命仅仅局限于对绿色植物的改进,无视对生态环境的影响。

资本主义工业化的实现和现代化发展的整个过程,是由传统市场经济向现代市场经济的过渡,它是沿着一条"先污染,后治理"的弯路走过来的。20世纪30年代爆发的资本主义大危机、大萧条加剧了资本主义社会经济的矛盾。在凯恩斯国家干预理论的影响下，政府通过计划干预、财政干预、金融干预等政策手段对经济进行宏观调控。这在一定程度上调整了人与人之间的社会经济关系，在一定范围内调整了人与自然的自然生态关系，从而缓和了这一时期资本主义社会、经济和生态的矛盾，为资本主义经济增加了活力，促进了资本主义现代市场经济的发展。

我国是在人口基数大、人均资源少、经济和科技比较落后的条件下发展经济的。在追求经济快速发展的今天，我国资源、环境所承受的压力越来越大。为此，我们必须摒弃传统经济发展的老路，即"先污染，后治理"的"黑色"道路，在与自然和谐相处中制定发展纲要，使经济与生态并重，使我国的社会经济得到可持续发展。

"绿色经济"这一名词源自英国经济学家皮尔斯于1989年出版的《绿色经济蓝皮书》。绿色经济学主张：从社会及其生态条件出发，建立一种"可承受的经济"。经济发展必须是自然环境和人类自身可以承受的，不会因盲目追求生产增长而造成社会分裂和生态危机，不会因为自然资源耗竭而使经济无法持续发展。"绿色经济"实际上是生态经济的同义词，它的实质是经济的可持续发展。

概括地讲，绿色经济就是达到经济可持续发展、生态可持续发展和社会可持续发展三方面的和谐统一。人类在发展过程中不仅要追求经济效益，还要追求生态和谐和社会公平，最终实现全面发展。绿色经济包括以下三方面：

（一）经济可持续发展

绿色经济鼓励经济持续增长，改变以"高投入，高消耗，高污染"为特征的粗放型经济增长，实现以"提高效益，节约资源，减少废物"为特征的集约型的经济增长。因为只有实现了经济增长，才能增强国力，才能提高人民的生活水平和生活质量，同时为生态保护和社会公平提供必要的物力和财力。

（二）生态可持续发展

绿色经济要求经济发展和社会发展要与有限的自然承载能力相互协调。这种有限制的发展保护和保证了生态的可持续性，从而有助于实现经济和社会的可持续发展。因此，生态的绿色发展是经济和社会绿色发展的前提。

（三）社会可持续发展

绿色经济强调社会公平。没有社会公平，就没有社会的稳定，就会有一部分人不顾道德和哲理，不顾法律和制度，不顾资源和环境，只顾个人私欲和财富，破坏和危害生态平衡和社会公平。绿色经济的本质是提高人类的生活质量，提高人类的健康水平，创造一个保障人人平等、自由和免受暴力、享有人权的社会环境。因此，在绿色经济系统中，经济可持续发展是基础，生态可持续发展是条件，社会可持续发展是目的。

二、绿色经济的本质与基本原则

（一）绿色经济的本质

绿色经济的本质是生态文明的发展观和实现观。这就是把包括现代经济发展在内的整个现代发展建立在节约资源、增强环境承载能力及生态环境良性循环的基础之上，实现经济社会的可持续发展。绿色经济发展全过程应该是经济与生态，社会与环境，人、社会与自然的全面进步和协调发展的过程。它在现实生活中的实现形态，就是实施以满足人的全面需要与实现人的全面发展为总体目标的经济发展战略，即建立资源节约型、生态与经济协调互促的经济发展模式，探索一条人口、经济、社会与生态相互协调的经济发展道路，使其既能满足当代人的需求，又不危害后代人的需求。这种体现可持续发展经济观的经济发展战略、经济发展模式、经济发展机制的绿色经济发展道路有三个明显特点。

（1）必须坚持在不损害生态环境承受能力的前提下，解决当代经济发展和生态环境发展的协调问题。

（2）必须在不危及后代人需求的前提下，解决当代经济发展与后代经济发展的协调问题。

（3）必须坚持在不危害全社会整体经济发展的前提下，解决当代不同国家、不同地区以及各国内部各种经济发展的协调问题，从而真正把现代经济发展建立在生态良性循环的基础上，并且确保实现由目前的资源消耗型经济（即非持续发展经济）向绿色经济（即可持续发展经济）转变，最终达到人类文明和经济的和谐进步。

（二）绿色经济的基本原则

绿色经济是一种全新的人类生存和发展模式。它有以下基本原则：

1. 公平性原则

公平性表现为代内公平和代际公平。"代内公平"是指绿色经济要满足当代人的基本需求，要为他们创造和提供满足其欲望的机会。因为贫富悬殊的社会不是绿色的社会，所以"代际公平"要求当代人不能损害后代人生存和发展所需要的自然资源和环境，还应给后代人自然资源和环境的公平利用权。

2. 持续性原则

持续性是指人类的经济活动和社会发展不能超出自然资源和生态环境的承载能力，即绿色经济不仅要求人与人之间的公平，还要求人与自然之间的公平。因为资源和环境是人类赖以生存和发展的基础，只有使人类对自然资源的消耗不超过临界值，人类才能世世代代延续和发展下去。

3. 共同性原则

共同性是指绿色经济发展已经得到全世界的认可，各国采取统一行动。尽管各国发展阶段和发展水平各不相同，但是在人与自然和谐相处、让绿色铺满陆地等方面，已经形成共同的目标。

4. 公众性原则

绿色经济发展是全球每一个民族共同的行动准则，事关每一个人。因此，只有人人参与，这一公众事业才能取得成效。

5. 法治性原则

在许多公司、企业、群体中，人们仍然有反绿色经济的认识和行为，法律的强制性是不可避免的。为了确保绿色经济发展行动得到贯彻执行，对那些破坏生态环境的人和单位必须严惩不贷。

6. 自然价值性原则

人们往往认为可以换回货币的东西是有价值的，认为自然资源是可以免费使用的，所以不加以珍惜。人们为了一己私欲，砍伐森林、开垦种地，却造成水土流失、气候异常，可以说得不偿失。因此，要树立正确认识自然价值的观念。

三、绿色经济发展

要坚持绿色经济发展，就必须重视自然资源。

（一）自然资源的相关概念

自然资源是指在一定条件下，能够产生经济价值，满足人们当前和将来需要的自然环境因素的一部分。自然资源是国民经济发展的基础，资源构成结构越全面、供应量越丰富，该国经济发展前景就越光明。

1. 自然资源的稀缺性

由于人们生活的地球的局限性，自然资源必然具有可利用潜力的无限性和可供应储藏量的稀缺性。所谓可利用潜力的无限性，是指随着人类认识能力的提高和科学技术的不断发展，可利用的自然资源范围不断扩大，可利用的程度不断提高；所谓可供应储藏量的稀缺性，是指在人类生存范围内的有限空间里，任何一种资源的可供应储藏量都是有限的，并且随着人类越来越多地使用自然资源，资源的稀缺性越来越明显。即便对于可再生或可更新资源，其再生或更新程度也呈现逐次递减的态势，因此可再生或可更新资源也具有稀缺性。

2. 我国自然资源利用缺陷

虽然我国是一个资源种类齐全、储量丰富的资源大国，但仍然存在着下列问题：

（1）人均资源量低于世界平均拥有量；

（2）自然资源分布与经济区域结构不匹配，资源地区分布不均匀；

（3）自然资源中低劣资源占有较高比例，资源缺口不断增大。

在资源利用方面，我国和其他国家一样存在下列问题：

（1）资源开发强度大，后备资源不足，供求矛盾突出；

（2）资源利用效率不高，浪费现象严重。

（二）"绿色"利用自然资源

面对自然生态环境的严重破坏，人们已经认识到，应该放弃原有的高投入、高消耗、低效益、低产出的劳动力、资源密集型的生产模式，而依靠科技进步，提高劳动力素质，采用低投入、高产出的资金、技术密集型和资源节约型的经济发展生产模式。为了确保有限的自然资源能够满足绿色经济发展的需要，我们要遵循"保护资源、节约和合理利用资源""开发利用与保护繁殖并重"的方针和"谁开发谁保护、谁破坏谁恢复、谁利用谁补偿"的政策，充分利用市场机制和经济手段有效配置自然资源。

因此，我们必须改变过去那种采取不适当的行政干预手段分配自然资源的方式。

我们必须采取下述措施：

1. 坚持资源勘察超前先行的基本原则

重视对国内和国际自然资源的数量、质量的调查预测，建立勘探和预报系统，并据此制定自然资源利用规划，实施对自然资源保护和利用的管理。

2. 建立和健全有关资源保护和管理的法治建设

在我国已经颁布的《中华人民共和国土地管理法》《中华人民共和国森林法》《中华人民共和国水法》《中华人民共和国矿产资源法》和《中华人民共和国海洋环境保护法》的基础上，除了加强对这些法规的实施进行检查监督外，还要继续制定和颁布更多有关生态环境保护和利用的法规，并且要制定与上述法规有关的具体实施细则，以规范社会团体法人和所有自然人的行为。

3. 加大科技投入，开发新能源

开发新能源，进行能源革命已经成为全世界各国科研人员极为关注的课题，我们期待无污染或少污染、高效率的新能源早日诞生，从而取代石油、煤炭等这些严重污染环境的化石资源。调整和控制对现有资源的利用结构和利用速度，在保护自然生态环境的基础上，加大力度做好自然资源的勘探、开发和利用工作。

4. 政府及有关机构应引导人们理智地使用自然资源

（1）充分发挥价格的市场竞争"信号指示器"的作用，使自然资源的价格能正确地反映其社会成本。应该改变某些资源低价甚至无价的状况；

应该改进现有的国民经济核算体系，考虑环境退化带来的直接成本变化和自然资源的"折旧"，使各方面都能重视和珍惜自然资源。

（2）建立既有利于生产要素合理流通，又有利于合理使用自然资源的统一市场。打破地区分割的局面，培育资源市场，使自然资源向经济效益好的部门和企业聚集。我国西部地区资源丰富，我们要加强对西部地区交通运输基础设施的建设，加快流通速度，节约流通成本。创造更好的资源流通渠道和手段，如采用"西油东输""西电东送"等措施，以提高自然资源利用效率。

（3）充分利用国际市场。注意学习日本、美国等国家建立国家资源储备库的做法，适当进口目前和未来紧缺的资源及其制成品，限制或禁止国内稀缺自然资源的出口，保持重要战略性自然资源的储备。

第二节　绿色经济管理模式

当前我国社会发展面临着新形势，为了保证我国社会经济发展能够迎合当前的社会趋势，我们需要基于时代背景思考经济管理的方向。在绿色理念主导的时代，经济管理面临着新挑战，我们需要从绿色发展的角度出发，思考绿色发展模式的运用，分析经济发展的新方向。

一、绿色经济管理的内涵

在当前的社会发展趋势下，社会经济的发展速度越来越快，人类社会对于现有社会环境的影响也越来越大，绿色理念开始受到社会各界的广泛关注，自然环境的破坏、资源的不断减少、物种结构的变化，都能够对人类社会经济发展产生影响，也会影响人类社会未来的经济发展。以往的企业过度重视经济发展，忽略了经济发展对社会生态的影响，而现阶段社会各界已经开始认识到生态问题的影响。政府当前正在对生态环境污染问题展开积极调研，并对严重影响环境的企业采取相应的处理措施，包括但不限于关停及整顿。但是这些措施依然未能彻底解决生态问题，生态问题是在社会长久发展过程中产生的，要真正解决生态问题，也要依靠长久的努力，循序渐进地去完成。当前国家出台了一系列相应的环境保护政策，全面推行绿色生产、绿色经营，这对于我国的诸多企业来说都是巨大的挑战，同时也带来了发展的契机。在当前的发展趋势下，企业积极响应政府所提出的绿色经济理念，改革经济管理的模式与思想，必然会有更好的发展前景。但是绿色经济理念的普及与落实同样需要一定的时间，当前依然存在诸多问题，需要我们去思考并解决。

二、绿色经济管理模式的环节

（一）绿色生产经营

企业的经营包含许多环节，从商品生产到商品产出、销售再到售后，各个环节都涉及经济管理。而在绿色经济管理理念下，要真正落实绿色发展模式，我们必须在生产环节尽可能地减少资源耗费，这就需要提高各种资源的利用率。此外，应当秉持产品无害化的基础原则，树立环保理念，保证企业生产销售过程中各个环节的能源消耗更加合理，在保证产品质量的前提下提升产品的总产出量,并在此基础上尽可能减少环境污染,体现出对生态发展的重视。

(二)绿色管理销售

在社会经济与企业文化迅速发展的趋势下,企业的销售模式正在逐渐发生变化,这是一个重要的转型,特别是在信息化的时代背景下,随着电商平台的普及,要真正落实绿色思想,必须利用绿色理念做好销售工作。这需要企业从产品销售的各个环节入手,做好全过程管理,包括商品的保管、运输、售后等各个环节,如外卖平台针对商品附加的餐具为消费者提供选择,便是一种渗透绿色理念的销售方式,如果消费者并不需要餐具,便可以在购买过程中取消附带餐具。除此之外,企业还应当重视绿色技术的创新,包括产品包装的开发创新,如利用绿色可回收材料制作产品包装,这样才能尽可能减少不可降解、不可回收垃圾的数量。

(三)做好战略引导

要真正实现绿色经济发展目标,我们首先要做好战略引导,这是绿色经济发展的必然需求。战略引导的重点在于企业摆脱当前的一时利益,制定更加长远的战略目标,满足当前时代的绿色创新需求,提高自身的竞争实力,实现企业的可持续发展。生态化的经济发展模式需要一定的时间去落实,但是对于企业发展的正面影响是长久的,甚至是维持人类社会可持续发展的必要手段,因此有必要从战略角度思考,制定更加长远的策略。企业应当意识到当前利益与企业未来发展的联系,只有对企业未来发展的影响有了清醒的认识,企业才能够做好战略规划。例如,工业生产对于河流的污染，不仅会对社会大众的生命安全与健康造成威胁，也会对企业的形象与发展产生影响，这种影响往往是不可逆的。因此企业要维持可持续发展，就必须将环境问题纳入未来发展的规划中，致力于解决环境问题，这样才能解决自身的发展问题。

三、绿色经济管理模式对企业可持续发展的作用

（一）构建生态文化

企业文化是指导企业员工思考与行动，影响企业发展的重要因素。在企业的长久发展过程中，企业为了做好员工的动员工作，都要先从企业文化的建设开始。而在绿色时代背景下，生态理念则应当渗透到企业文化中，成为企业文化的一部分，并对员工的思想与行动产生正面影响，包括节约资源、保护环境、可持续发展，这些思想都应当包含在企业文化体系中，让员工经常能看到、能听到、能感受到。这也是塑造企业形象的必然需求，企业文化代表着企业的形象，是企业重要的精神象征，能够帮助员工树立正确的价值观，让员工意识到绿色思想对企业发展、自身工作与生活的影响。因此企业必须做好企业文化建设工作，要积极开展绿色讲座，帮助员工树立绿色的工作理念，保证员工在开展本职工作时能够时刻考虑到如何减少资源耗费，减轻对周边环境的影响，这是维持企业可持续发展的基本需求。

（二）为企业发展奠定基础

当前企业正处于激烈竞争的行业市场中，为了提高自身的竞争力，实现可持续发展，企业必须做好产品与技术的更新。在环境污染严重、资源

日益匮乏的时代，社会各界更要积极引入先进的绿色技术及绿色管理模式，并将其应用在实际的生产与销售过程中。绿色理念的渗透有利于减少企业的生产投入，保证企业资源的利用率，创造更理想的经济效益，进而为企业的可持续发展打好基础，提供保障。此外，在企业生产与经营过程中，内部管理部门必须不断积累管理经验，因为要实现绿色经济发展目标，就要通过积累工作经验，在实现产销目标的基础上减少资源耗费。要利用先进的技术收集信息，并对信息进行整合与分类，制定出最为合理、利用率最高的方案。例如，对矿产资源的开发与利用，便要结合当前我国的矿产概况进行规划，要考虑到矿产资源开采的影响，制定出最为合理的开采方案。近年来我国矿产企业积极利用无废、少废技术，已经在矿产开采方面取得了理想的效果。近年来矿产开采产生的废水，其重复利用率已达90%以上，甚至能够实现零排放，矿山的固体废弃物综合利用率也达到了更加先进的水平。

（三）为绿色生态模式的落实提供保障

当前我国企业为了真正达成绿色生态发展目标，必须做好以下三项工作：其一是企业的所有工作人员都应该树立绿色生态理念，即将绿色理念渗透到产品设计、生产、销售等各个环节，落实环保责任制，将责任分摊到个人。其二是必须考虑环境的影响，必须保证产品的生产过程是在安全的环境下完成的，对于生产过程中产生的噪声、废料等都要做好管理，即使无法百分之百避免污染，也要将环境污染的程度降到最低。其三是在企业产品的销售、售后等各个环节上，都应当考虑到可能产生环境影响的要素，如考虑到电子商务的普及会导致大量快递垃圾的产生，因此可以了解消费者的包装处理情况，进而针对包装处理提供可靠的方案。其四是要做好产品废料的回收工作，如可以开展废料回收兑换的活动，可口可乐公司设立的电话亭便很好地起到了动员回收瓶盖的作用。在可口可乐的专用电话亭里，消费者可以将可口可乐的瓶盖作为打电话的硬币，将瓶盖投入回收口后，能够获取一定的电话通话时长，这便是很好的回收利用方案。企业需要尽可能动员社会群众参与废料回收的活动，一个人的力量虽然微不足道，但是集合起来却能产生很大的影响，特别是社会整体环境的优化，必须动员大众的力量才能够实现。

在新的社会发展趋势下，人类社会发展对于原有生态环境的负面影响逐渐体现出来，这是我们必须重视的问题。而为了摆脱这样的局面，我们只有从绿色环保的角度去思考新时代的经济发展方向，才能够做好经济规划，在推动社会经济发展的同时减少资源耗费，减少对环境的不利影响，这也正是本节探讨的主要内容。

第三节 绿色经济指标体系

一、构建绿色经济效益指标体系的客观需要

绿色体系代表健康、卫生、安全和环境保护，是大自然绿色回归的呼唤。建立绿色经济效益指标体系的客观需要——环境问题是当今世界广泛关注的问题。尤其是近几十年，随着科学技术的迅猛发展，人口大量增长，社

会需求日益膨胀，各国都极度开采自然资源来发展本国经济，从而引发了一系列严重的环境问题：自然资源日渐枯竭，环境污染日益严重，自然灾害频繁发生。这不仅动摇了各国经济发展的自然物质基础，而且危及人类的生存。在全球普遍关注环境问题的趋势下，改善自然环境，保持生态平衡，对我国有着尤为重要的意义。当前我国正面临着严重的环境困扰。一方面，自然资源被破坏性使用，浪费极为严重。我们一直认为，我国地大物博，自然资源取之不尽、用之不竭，因而在实际经济活动中，历来不把资源浪费、滥用看作严重的问题，完全忽视了资源的稀缺性，为了眼前利益、个人利益而滥用资源。当前出现的许多小煤矿、小金矿就是这种观念的例证。另一方面，环境污染代价沉重。由于国人环境保护意识淡薄，再加上近些年一些人利欲熏心，一些外商不顾国际公德，在中国乱建污染性企业，造成了严重的环境污染问题。因此，在环境危机日益严峻的今天，我们再也不能单纯地追求经济活动在经济领域内的效果了。对经济效益的评价应突破传统的局限，拓宽经济效益的涵盖面，融入环境保护、节约资源等绿色内容，构建一种绿色的经济效益评价指标体系，制定硬性标准，加强对各社会个体承担社会和环境责任的评价、考核，以期实现大自然的绿色回归。

二、构建绿色经济效益指标体系的理论基础——经济效益的双重属性

经济效益是现代经济生活中人们广为探索和追求的经济行为的最高目标，一般被认为是投入与产出的比较。由生产实践所带来的经济效益受不同社会阶段生产目的的制约，具有双重属性。一是由社会生产实践引起的，

体现人与物之间关系的自然属性，它是客观事物存在的必然。二是其社会属性，指在不同社会形态中所体现的劳动手段与生产目的之间关系的性质，是客观事物得以发展的保证。经济效益的自然属性主要源于人类对行为效果最大化的追求，并深刻地蕴含于这种追求中，而不论处于何种生产力水平，何种社会形态下。比如，有些人认为最不可能存在经济效益的原始社会，尽管生产力水平低下，人类还处于蒙昧状态，但是当时的人们为了生存和繁衍，仍然希望能够通过每天的狩猎行为捕获更多的猎物，这种人们自然形成的心理状态，用现代语言来表述就是经济效益的思想。在资本主义社会，大家都清楚厂商追求投入最小而产出最大，以获取最大利润为总体目标。在社会主义社会，人类是一个一切社会形态下都共有的客观范畴，它跨越了空间和时间。与之相对应，经济效益指标也要突破时间和空间的局限，从而使经济效益评价指标具有适用于不同社会形态的性质，即具有一般评价性。

然而，经济效益又是社会的，具有特殊的社会属性，即在不同生产力水平下、不同社会形态中，对经济效益的具体追求、重点追求各不相同，进而使得反映和评价经济效益的指标也具有明显的时代特征和地域特征。随着社会的发展，人们开始追求微观经济利益和宏观经济利益的统一。根据经济效益的社会属性的观点，我们可以认识到：①一切事物都是运动的，不断地从低级向高级发展，不断地从片面向全面完善，经济效益的概念与指标也是如此；②历史已证明，随着科学技术的进步，知识的丰富和劳动、实验手段的发展，人们对包括经济效益概念与指标在内的许多自然规律和反映自然规律的主、客观概念的认识也是一个不断发展和完善的过程。

因此，我们在设计绿色经济效益指标时，可以得到以下结论：

（1）经济效益的自然属性赋予了评价指标一般评价性，这是设计绿色经济效益指标的基础。

（2）经济效益的社会属性赋予了评价指标发展性，这为设计绿色经济效益指标提供了可能。

三、构建绿色经济效益指标体系的基本原则

（一）科学性原则

科学性原则是设计绿色经济效益指标的基本原则，它要求指标在内容上应当同绿色经济效益的科学概念一致，要和经济效益的双重属性一致，其表达也要科学规范、简明扼要。

（二）宏观性原则

与传统经济效益指标着重以微观企业为主体不同，绿色指标主要是从全社会的宏观角度出发，对经济个体的行为和自然生态的影响程度加以评估的，因此绿色经济效益指标应具有宏观性。

（三）实用性原则

在原有的传统经济效益指标已经被世界各国广泛使用的条件下，首先，绿色经济效益指标只有正确地反映社会经济发展和客观环境变化的现实才能被人们所接受；其次，绿色经济效益指标要切实反映经济个体的经济行为对自然生态的影响，并对其行为有指导作用；再次，绿色经济效益指标应当继承原有的会计、统计指标，以便于全社会范围内的计量和考评；最后，

绿色经济效益指标应当尽可能简单清晰、方便使用，为广大社会公众所理解。

（四）通用性和灵活性相结合的原则

设计绿色经济效益指标首先应当考虑它的通用性，该指标应覆盖全社会，具有广泛的适用性和可比性；同时，也应当考虑到不同的经济个体生产经营活动的特殊性及其对自然生态产生的不同影响，绿色经济效益指标的设计应尽可能照顾到不同行业、不同个体的特色。当然，这类特殊指标是对通用指标的补充，它们处于从属地位。

（五）可操作性原则

绿色经济效益指标有的可以量化，有的则不可以量化。不论哪一项指标，定量指标或者定性指标，都应该含义清晰，以便于实际操作。

四、绿色经济效益指标体系的具体构建

现有的常规经济效益评价指标体系已经难以满足当今社会的发展需要，这主要是因为经济效益指标没有跟上社会属性的要求，即只衡量了经济个体行为对经济方面的影响，却没有把自然生态环境的影响也纳入评价指标体系中，导致面对严峻的生态环境问题时束手无策。因此，在构建绿色经济效益指标体系时，只要在原有体系中加入有关的合理利用资源、环境保护等绿色内容，对原有经济指标体系进行合理的拓展便可，这样即可满足经济效益社会属性对其评价指标体系的发展性要求。

我们可以把新增的绿色指标分为两类：一类是直接反映、评价资源和环境问题的绿色指标；另一类是间接反映、评价资源和环境问题的指标。

第五章 对外贸易经济管理

第一节 实行对外开放与发展开放型经济

一、实行对外开放

实行对外开放，符合经济发展规律的客观要求，符合解放和发展生产力的客观要求，符合发展社会主义市场经济的客观要求。

（一）对外开放符合经济发展的规律

对外开放，发展国际经济技术交流与合作，是商品生产和商品交换不断扩大的必然结果。在前资本主义社会，自然经济占统治地位，商品经济处于从属地位，生产主要是为了自给自足而不是为了交换，市场狭小，因此，当时各国、各民族基本上处于闭关自守的状态。随着商品经济的发展，商品交换的规模和范围不断扩大，各国之间的经济联系自然而然地发展起来。尤其是以机器大工业为基础的资本主义商品经济在一些发达的资本主义国家迅速发展，生产和交换开始突破国家和民族的界限而扩展到世界各地，对外开放逐步发展成一种世界趋势。

（二）对外开放发展社会主义市场经济

我国经济体制改革的目标是建立社会主义市场经济体制。而建立和发展社会主义市场经济更离不开对外开放。我国旧经济体制的主要弊端除了高度集中外，就是自我封闭，即将国内价格体系同世界价格体系割裂开，将国内产业结构、经济结构同世界经济结构分离。封闭的结果是割断了我国现代化大生产与国际市场的有机联系，严重地束缚了我国生产力的发展。封闭是发展商品经济、建立社会主义市场经济的最大障碍。发展市场经济必然要打破地区、民族和国家的界限，打破各自为政、层层封锁、市场割据的状态，这是由市场经济的本质特征所决定的。社会主义市场经济要求资源的合理配置，不仅包括国内资源的优化配置，也包括充分利用国外资源以优化国内资源的配置。世界上每一个国家都不可能拥有它所需要的全部资源，而且由于经济技术条件和人力、物力、财力等条件不同，生产同一种商品的生产效率和经济效益也存在很大的差别。因此，只有实行对外开放，充分利用国际分工，才能扬长避短，发挥优势，提高经济效益。我国发展社会主义市场经济必须重视这一点，也必须充分利用国际分工合理地配置资源。

发展社会主义市场经济，还必须引进国外的竞争机制，充分发挥价值规律的作用。不引进国外的竞争机制，在一国范围内搞市场经济是难以想象的，也是行不通的。我国要按照国际贸易惯例参与国际竞争和利用国际分工就必然会加速发展社会主义市场经济。由此可见，实行对外开放是建立社会主义市场经济的客观要求。

我国实行对外开放战略的意义在于它可以极大程度地解放和发展社会主义社会生产力，从而有利于巩固、完善和发展社会主义制度。我们要坚持马克思主义的基本观点，不断扩大对外开放，逐步完善对外开放的各项立法、方针政策和措施，加强国际经济技术交流和合作，并通过对外开放进一步深化经济体制改革，建立和完善社会主义市场经济体制。

二、发展开放型经济

积极参与国际交换和国际竞争，大力加强对外经济技术交流与合作，已成为世界潮流。这是人类社会生产力发展的必然结果，也是社会经济发展的规律。我国发展开放型经济，正是顺应世界潮流和遵循经济规律的表现。

（一）开放型经济的含义

所谓开放型经济，就是通过放宽贸易限制，利用外资，引进技术，大力发展面向国外市场的产业，以出口贸易带动企业和国民经济的改造，加速产业结构、产品结构的优化，促进社会主义现代化建设。

我国实行对外开放政策，不断加强对外经济技术交流与合作，其实质就是要大力发展开放型经济。

我们认为，开放型经济与出口导向型经济既有密切联系，又有区别，不能将二者混为一谈。开放型经济与出口导向型经济都强调出口贸易在国民经济中的重要战略地位，都要大规模地利用外资和引进国外先进技术，充分利用国际分工的优势，这是两者相同的地方。但是，开放型经济与出口导向型经济至少有以下两点不同：①出口导向型经济将出口贸易作为整个国民经济的发动机,国民经济要围绕发展出口贸易进行运转。而开放型经济虽然强调出口贸易的战略作用,但是并不将出口贸易作为国民经济运作的发动机,而是将之作为推动国民经济发展的一种重要力量。②出口导向型经济是指国民经济发展的整体经济模式,而开放型经济既表现为整体经济模式,又在很大程度上表现为微观经济成分。例如,"三资"企业和出口型企业均属开放型经济。

(二)开放型经济的发展战略

第一,要提升开放型经济发展质量,需要下大力气补齐技术短板,缩小与发达国家之间的技术差距,降低关键技术、材料和设备的进口依赖度。"科学技术是第一生产力",各国在国际经济分工合作中所处地位的高低和所获利益的多寡,最终取决于该国科技实力的强弱。只有打破发达国家在高端技术领域的垄断,我国才能真正提升自身在全球价值链分工和贸易体系中的地位与话语权。

第二,要提升开放型经济发展质量,需要强大的文化软实力作为支撑。我国开放型经济发展质量升级需要重点提升我国文化、旅游、教育等相关服务产业的服务质量和出口能力,让更多的外国消费者了解我国和我国文化,提高我国整体的文化形象和声誉。

第三,要提升开放型经济发展质量,必须下定决心,降低开放型经济发展的环境代价。较低的环境污染成本是发展中国家融入全球价值链所依托的重要的比较优势之一。高质量开放型经济发展模式要求我国提升国内制造业的污染物排放标准,加强环保执法力度,在扩大对外资企业开放力度的同时，提高外资进入的环保门槛标准，特别是在东部经济发达、污染物排放较为集中的城市集聚地区，更要坚决叫停以破坏环境为代价的或存在重大生态风险的高污染项目，追求绿色、可持续的开放型经济发展模式。

第四，要提升开放型经济发展质量，需要培育和聚集世界级企业，掌握产业研发和营运环节。培育世界级企业是掌握产业链核心环节最直接、最有效的方式，凭借这些企业的核心技术、独特竞争能力、强大营销网络和品牌优势，能够引领国际创新发展，并在所属行业中占据较大的市场份额，形成较强的国际行业引领力。我国在产业链核心环节的选择上，应优先选择产业链各环节布局相对完善、研发和营运两大核心环节优质且企业聚集规模和发展水平已经具备一定基础的产业。对于金融业，前期重点谋求掌控金融服务创新、金融产品创新以及金融衍生工具创新等环节的国际竞争力，后期重点培育国际期货市场和国际期权交易市场；对于商务服务业，应进一步聚集总部企业，促进其实体化和功能化经营，不断提升其对国际商务服务业的引领力和影响力，前期重点谋求掌控企业管理、法律、会计、广告等行业的核心环节，后期重点谋求掌控审计、评估、科技、知识产权等行业的核心环节；对于文化创意产业，应进一步聚集国内外知名的创意型企业，促进其不断提升国际竞争力，前期重点谋求掌控文化艺术、新闻出版、设计服务等行业的核心环节，后期重点谋求掌控广播、电视、电影等行业的核心环节。

第二节 对外贸易经济效益

一、对外贸易经济效益概述

对外贸易作为开放经济条件下服务于工业化和国民经济发展的重要手段,其经济效益直接影响着其服务作用的效力。从这个意义上说,对外贸易经济效益是对外贸易活动所追求的目的,只有取得较高的经济效益,才能保证对外贸易最大限度地促进国民经济的发展。因此,有必要探讨外贸经济效益的形成、分类,外贸经济效益的评价以及外贸经济效益提高的途径等问题。

对外贸易也和其他经济活动一样,要通过投入与产出的比较来反映其效率与收益。对外贸易经济效益是指在一定时期内投入对外贸易领域的劳动(活劳动与物化劳动)和由此取得的成果之比。

对外贸易不同于物质生产部门,它属于流通领域,是流通向供给生产的延伸。其既涉及国内价值,也涉及国际价值;价值的货币表现形式既有以国内货币表示的国内生产价格,又有以外国货币表示的国际市场价格。因此,外贸经济效益具有不同于其他部门的经济效益的特点。

(一)对外贸易经济效益的构成

外贸经济效益包括以下两方面的内容:

一方面,通过利用国内价值和国际价值的比较差异输出本国有相对优势的产品,输入本国有相对劣势的产品,从而实现价值增值,实现社会劳动的节约。例如，一国出口某商品的国内价值高于国际价值，但该商品在国际市场上是按国际价值销售的，这意味着该商品销售只实现了国际价值，但国内价值高于国际价值部分的国内价值却未能实现，这似乎是不利的。然而，从该出口商品按国际价值所换回的进口商品来看，若在国内生产，将要耗费更多的社会劳动，这意味着该国通过进出口贸易活动节约了社会劳动，这就是外贸经济效益，因此外贸经济效益不是简单地将投入与产出直接对比的结果，而是通过国内价值与国际价值差异间接地反映出来，是在比较利益的基础上，通过国际分工而实现的社会劳动节约。

另一方面，通过进出口贸易，输出本国相对富余的产品，换回本国相对短缺的产品和资源，实现实物形态上国民经济的综合平衡，扩大社会再生产规模，从而创造出更多价值。这部分价值创造也是外贸经济效益。

从本质上看，外贸经济效益属于价值范畴，但研究外贸经济效益也要涉及使用价值的讨论，因为使用价值是价值的物质承担者，是外贸经济效益实现的物质前提。

（二）外贸宏观经济效益与外贸微观经济效益

从不同的层次考察，对外贸易经济效益可以分为外贸宏观经济效益和外贸微观经济效益。外贸宏观经济效益是指通过对外商品和劳务的交换，对整个国民经济产生的经济效果。它不仅包括由对外贸易活动实现的直接的价值增值，还包括由对外贸易活动派生出的间接的社会劳动节约。从国民经济层次考察，一国通过输出在国内生产时耗费劳动较少的产品，换取国内生产时耗费劳动较多的产品，从而节约社会劳动，节约的社会劳动可创造新价值；通过使用价值转换，改善实物平衡，实现生产要素优化配置，也可创造新价值。这些价值增值便是外贸直接的宏观经济效益。通过发展出口以及接受先进技术和物资投入，实现劳动生产率的提高，促进生产的发展等，都属于外贸的间接宏观经济效益。外贸微观经济效益是指外贸企业通过外贸活动所获得的盈利。这是从企业层面上考察外贸经营活动的投入与产出的关系。外贸微观经济效益较外贸宏观经济效益考察的范围狭小、内容单一，外贸企业效益仅考察外贸企业财务账面上的、以货币形式出现的盈利或亏损。

二、影响对外贸易经济效益的因素

对外贸易经济效益的状况是多种因素综合作用的结果，由于宏观、微观外贸效益所包含的内容有差别，因此，各自的影响因素也不尽相同。

（一）影响外贸宏观经济效益的主要因素

对外贸易社会经济效益是通过对外商品交换带来的价值增值。因此，一切影响商品国内价值、国际价值以及两者之间相互关系的因素，一切影响使用价值在社会再生产中发挥作用，带来更多新增价值的因素，均会影响外贸经济效益。

1. 比较优势

对外贸易经济效益是通过对外贸易活动实现的价值增值，而价值增值是通过发挥比较优势取得的，即通过出口有比较优势的商品、进口有比较劣势的商品取得的。因此，比较优势是取得外贸经济效益的客观基础。

在古典贸易模型中，生产的唯一投入要素是劳动，一国的比较优势就取决于一国劳动生产率水平及其与世界劳动生产率水平的差异。一国的劳动生产率水平决定了该国大部分商品的社会必要劳动，进而决定了该国大部分商品的国内价值量水平。国际价值是由世界必要劳动量决定的，世界必要劳动量又是由世界平均生产率水平决定的。因此，国内价值和国际价值的差异主要是由一国劳动生产率水平与世界平均劳动生产率水平的差异造成的，两者差异的程度和方向决定了国内价值和国际价值差异的程度和方向，进而决定了该国的比较优势，决定了该国获得外贸经济效益的量和层次。

如果一国的劳动生产率水平大大高于世界平均劳动生产率水平，该国绝大部分商品的国内价值低于同类商品的国际价值，即在以国际价值为基础的对外交换中，该国每小时平均劳动投入于各经济部门所形成的国内价值在国际市场上被承认为超过一小时的国际价值，那么该国以高于国内价值的国际价值输出某些商品，以低于国内价值的国际价值购买某些商品，以少量劳动与多量劳动交换，从而取得外贸经济效益。该国取得外贸经济效益凭借劳动生产率水平的绝对优势。

如果一国的劳动生产率水平低于世界平均劳动生产率水平，该国绝大部分商品的国内价值高于同类商品的国际价值，那么该国进行对外交换只能输出国内价值高于国际价值程度较小的商品，输入国内价值高于国际价值程度较大的商品，以少量社会劳动换回多量社会劳动，实现价值增值。这类国家取得外贸经济效益利用了绝对劣势中的相对优势。

以上两类国家通过对外商品交换，都能够实现社会劳动的节约，形成外贸经济效益。生产率水平高的国家通过对外贸易所实现的价值增值量或社会劳动节约量并不一定绝对地多于劳动生产率水平低的国家，但是，由于两者劳动生产率水平与世界平均劳动生产率水平的差异方向不同，两者借以实现外贸经济效益的条件不同，这就决定了两者获得的外贸经济效益的层次不同。前一类国家劳动生产率水平有绝对的优势，其所取得的外贸经济效益也是绝对的；而后一类国家劳动生产率水平处于绝对劣势，绝对劣势中对相对优势的利用可以形成外贸经济效益，但这种效益的获得是相对的，是有局限性的。因此，前者获得的外贸经济效益与后者相比是更高层次的外贸经济效益。

随着古典贸易模型的拓展，单一劳动要素假设被扩展为多种生产要素假设，从而使得比较差异不仅仅由劳动生产率决定，各国要素禀赋的差异也会成为各国比较优势的决定性因素之一。

2. 进出口商品结构

国内外价值的差异必须以一定的使用价值为载体表现出来。因此，不同的使用价值结构，即进出口商品结构会影响国内外价值差异的程度与方向，从而影响外贸经济效益。由于经济发展的不平衡，一国国内各部门、各行业的劳动生产率水平参差不齐，甚至相差悬殊，与世界同行业平均的劳动生产率水平的差异程度更不可能相同。由于各部门劳动生产率水平相异，一小时国内平均劳动投入不同经济部门、行业所形成的国内价值量也就不同。又由于各部门、各行业劳动生产率水平与世界同行业平均劳动生产率水平的差异同，同一国内价值量在国际市场上得到承认的程度也就不同。因此，劳动生产率的双重差异——"内差异"和"外差异"使出口商品结构极大地影响输出的国内价值量以及该国内价值量在国际市场上得到承认的程度。另外，由于相同的原因，同一国际价值量，由于其物质承担者不同，在国内市场上会被承认为不同量的国内价值，而对外贸易所实现的价值增值正是国内价值的增值。从以上分析可以看出，价值的物质承担者——使用价值的构成，即进出口商品结构是影响外贸经济效益的重要因素。

此外，进出口商品结构对外贸的宏观效益有着很大影响。进出口商品结构的安排合理与否，影响着对外商品流通对再生产促进作用的发挥。例如，理想的贸易格局应是出口长线产品，进口短线产品，缩小供给与需求的缺口，即只有符合国内供求结构差的进口才有益于增加价值创造。如果进出口商品结构安排不当，出口商品集中在短线产品上，加剧国内短缺，而进口商品却集中在长线产品上，虽然这种进出口商品结构可能有利于通过国内外价值差异获得价值增值，但对国内社会再生产的顺利进行却会产生不良影响，它不仅没有缓解国内产业结构对经济增长的制约，反而加剧了国内产业结构的不平衡。这种进出口商品结构下的对外贸易，其社会效益甚至可能是负效益。因此，进出口商品结构对外贸经济效益有重大影响。

3. 价格机制

比较优势是实现贸易利益的基础，而比较优势得以实现的必要条件是价格信号的准确，因为只有当比较差异正确地表现为价格差时，对外贸易才会依此进行，比较优势才会成为现实的贸易利益。如果价格是扭曲的，由价格差所表现出来的比较优势也是扭曲、不真实的。因此，价格是否真实地反映价值、价格与价值的背离程度是影响外贸经济效益的关键因素。

如果一种商品的国内价格严重偏离国内价值，价格所表示的价值量就大大高于实际的价值量，价格对价值的扭曲使所表现出来的商品国内价值大大高于同类商品的国际价值。这种国内价值的被"高估"使实际上具有绝对优势或相对优势的商品似乎具有绝对劣势或相对劣势，使本该出口的商品成为事实上的进口商品。同样的道理，国内价值的被"低估"也可能使本该进口的商品成为出口商品。因此，价格对价值的扭曲会影响比较利益的表现，影响进出口商品最优结构的形成，进而影响实际的价值增值量或劳动节约量，影响外贸经济效益。

4. 汇率机制

对外贸易联系着国内外的生产和流通，在每一次对外商品交换中通常都要使用两种或两种以上的货币计价，这就使得通过交换实现的社会劳动节约或价值增值的表现更为复杂。通过交换实现的价值增值要得以正确表现和反映，一方面要求国内外价格都必须真实地反映商品的国别价值和国际价值；另一方面要求计价货币的"价格"，即汇率正确反映每一单位本币和外币所代表的价值量的关系，两个条件缺一不可。即使商品的国内外价格能正确反映商品的国内外价值，如果汇率不能正确反映参与交易的不同货币之间的比例关系，对外交换产生的价值增值也得不到正确反映，反之亦然。

5. 政府宏观调控

政府在实施宏观调控政策，如产业政策和就业政策，以弥补市场缺陷、追求长远发展目标时，可在一定程度上改变利益格局，对外贸经济效益产生影响。

（二）影响外贸微观经济效益的因素

外贸微观经济效益的表现形式是外贸企业的财务性盈亏，是由国内外价格差所直接决定的。在价格、汇率不扭曲的情况下，外贸的财务性盈亏应与比较利益所赋予的贸易经济性盈亏是一致的。此时，从事对外贸易活动的企业，从理论上讲其经营成果必须是盈利的，否则其资本就会转移到其他有可能盈利的经济部门。但在价格、汇率扭曲的情况下，外贸财务性盈亏就可能背离经济性盈亏，即财务性盈利或亏损的表象背后，经济性盈亏可能存在与之不一致甚至相反的状况。

在市场机制充分发挥作用，价格与价值相一致、汇率准确反映货币之间比率的条件下，影响外贸微观经济效益的主要因素是企业的经营机制、管理机制等微观因素。而在存在各种扭曲的环境中，外贸微观经济效益的决定因素就要复杂得多，许多因素往往是外贸企业不能控制的。

三、提高对外贸易经济效益的途径

制约和影响对外贸易经济效益的因素是多方面的，包括国内的和国外的、局部的和全局的、关于价值的和关于使用价值的，它们交织在一起，错综复杂。因此，如何提高外贸经济效益也必然是十分复杂的问题。

（一）提高外贸宏观经济效益的途径

提高外贸宏观经济效益，就是要积极有效地参与国际分工，发展对外贸易，最大限度地节约社会劳动，促进国民经济的发展。这就要求有科学、严谨的宏观决策，包括制定产业政策、优化产业结构和进出口商品结构；

建立高效的宏观调控体系，协调外贸社会效益与外贸企业效益的关系；制定外贸发展战略，正确处理长远经济利益与当前外贸利益的关系；加快建立和完善社会主义市场经济体制，在国家宏观调控下使市场成为资源配置的基础性手段，使资源在全社会甚至在全世界达到最佳配置，从而提高外贸宏观经济效益。

1. 优化产业结构及进出口商品结构

优化产业结构及进出口商品结构，是提高外贸宏观经济效益的重要途径。而优化进出口商品结构的前提条件是优化本国的产业结构，因为产业结构是进出口商品结构的物质基础。因此，只有优化产业结构和进出口商品结构，才能改善我国在国际分工中的地位，提高外贸经济效益。

2. 建立高效的宏观调控体系

建立高效的宏观调控体系，协调外贸社会经济效益与外贸企业效益的关系。外贸社会经济效益与外贸企业效益是整体和局部的关系，两者既是统一的，又是矛盾的。

外贸企业经济效益是外贸社会经济效益的组成部分，但外贸社会经济效益又不是外贸企业经济效益的简单相加。国家和外贸企业作为不同的利益主体，在经济行为中追求的效益目标必有差别。国家的外贸效益目标并不能涵盖所有的企业经济效益，外贸企业经济效益有时甚至与外贸社会经济效益相悖。因此，为了尽可能使两者统一起来，国家应加强宏观调控手段，充分发挥市场机制的作用，并辅之以必要的行政手段，既要满足外贸企业的效益目标，又要保证国家外贸宏观经济效益目标的实现。

3. 加速建立和完善社会主义市场经济体制

加速建立和完善社会主义市场经济体制，是提高外贸宏观经济效益的保证。必须加速建立和完善社会主义市场经济体制，使市场真正成为资源配置的基础性手段，促使我国经济同世界经济互补，更好地利用国际分工，提高生产力水平。

建立和完善社会主义市场经济体制，可引进国际竞争，加速我国企业和国民经济的技术改造，推进产业结构、经济结构的优化。

建立和完善社会主义市场经济体制，可促使外贸企业在市场竞争中求生存、求发展，从而整体提高外贸企业的经济效益。

（二）提高外贸企业经济效益的途径

为了提高外贸企业经济效益，必须为企业创造平等竞争的宏观环境，从微观层面上进行变革，挖掘企业内在潜力，如转换外贸企业经营机制、制定企业发展战略、加速企业技术进步、建立科学的企业管理制度等。

1. 建立现代企业制度

要提高外贸企业经济效益，就要建立产权清晰、权责分明、政企分开、科学管理的现代企业制度，要逐步推行股份制，使外贸企业真正成为自主经营、自负盈亏、自我发展、自我约束的独立生产者和经营者。

2. 转换外贸企业经营机制

外贸企业的经营模式应由商品经营向资本经营转变。商品经营是以完成进出口商品计划为特征的，而资本经营是以利润最大化和资本增值为目的，以价值管理为特征，通过生产要素的优化配置和资产结构的动态调整，对企业所控制的内外部有形与无形资产进行综合运营的一种经营方式。实行资本经营，要求外贸企业要按照资本运动的一般规律进行进出口活动，以实现资产增值和效益最大化的目的。具体来说，外贸企业要建立最佳资本结构，以经济效益为中心，实行多元化、综合性经营。

优化资产结构是实行资本经营的基本要求。企业的资产结构是影响企业经营效果的重要因素。企业的资本结构不仅包括所有权的比重，也包括各种融资方式的搭配，如自有资金，银行借款与债券，优先股、普通股的比例等。我国外贸企业目前自有资金比重很小，负债率很高，财务风险很大，这势必影响企业的稳定发展。负债量大意味着企业必须支付大量利息，无论企业盈利状况如何，利息是到期必须支付的固定支出。利息负担重，一旦出现利润下滑或资金短缺的情况，极易造成企业违约甚至破产。我国外贸企业融资渠道单一，主要依靠国内银行借款，而银行贷款很大一部分是国家的政策性贷款。随着我国金融体制的改革并逐步与国际惯例接轨，政策性贷款将减少，这就要求外贸企业必须开拓新的融资渠道，在市场经济环境中取得尽可能廉价、安全的资金供应，保证企业的资金需要。

3. 大型外贸企业应走实业化、国际化、集团化的道路

外贸企业传统单一的商品经营模式已难以适应快速变化的国际经济环境，必须转向多元化、综合性经营，以增强抵御风险、综合利用生产要素的能力。外贸企业尤其是大型外贸企业，应加强横向、纵向联合，实行"一业为主，多种经营"的方针，扩大经营规模；在经营进出口商品的同时，利用自身联系广、信息灵的优势，积极参与技术进出口贸易、国际服务贸易、国际投资等活动；在国内市场上，也应参与各种实业化经营，如种养业、

制造业、运输业、房地产业、服务业等,形成国际化、实业化、综合化经营模式,使企业拥有的资源得到更有效的配置,降低企业运营成本,改变投入产出关系,增加企业盈利,从根本上提高企业创造高效益的能力。

4. 加速生产企业技术进步

影响外贸企业经济效益的一个重要因素是出口商品的质量。因此,必须推行"以质取胜"战略,加大企业技术改造力度,用高新技术武装企业,提高产品技术含量,增加产品附加价值,在这方面提高外贸企业经济效益的潜力是很大的。

5. 建立科学的企业管理制度

外贸企业内部经营管理制度的完善及科学是影响企业经济效益的关键。外贸企业应按照社会主义市场经济的要求,建立以财务管理为中心,以资金管理为重点,辅之以健全的劳动管理、人事管理、分配管理,建立约束和激励机制,从而提高企业的经济效益。

6. 培养人才,提高企业素质

在市场经济条件下,企业面临着来自国内外的竞争。企业能否在竞争中占据有利地位取决于诸多因素,而企业职工素质是极为重要的因素之一。企业竞争在很大程度上是人才的竞争,外贸企业要在竞争中取胜,提高企业经济效益,必须加强企业职工队伍的建设,要采取多种形式培养企业的经营决策人才和具体业务人才,建设一支高质量的职工队伍。

第三节　对外贸易经济调控

采用经济调控手段调控对外贸易是指国家有关部门通过汇率调节、税收调节、信贷调节、价格调节等经济杠杆，间接影响和约束企业对外经贸易行为。国家运用这些经济杠杆，通过市场机制，影响各调控对象的利益，以实现调控外贸活动和外贸经济关系的目的。各种经济杠杆的功能各有侧重，各司其职，发挥不同作用，彼此又存在着密切的内部联系。因此，实现某一方面的调节目标，往往需要综合运用几种手段；而一种调控手段的运用，往往也会产生多方面的影响。

一、经济调控手段的特点

在社会主义市场经济条件下，应遵循价值规律的作用，主要运用经济调节手段调控对外贸易活动。经济调节手段的主要特点有以下四方面：

第一，通过市场机制起作用。政府根据市场信号调节宏观经济参数，通过市场机制的运行来实现宏观调控目标。

第二，间接性。国家实施经济调控时，并不直接干预企业微观经济的运行，从而决定企业的经营结果，而是通过影响利益分配格局来间接影响企业利益，进而影响企业行为与决策。

第三，非歧视性。运用经济调控手段调控宏观经济参数，所有企业都置身于相同的宏观环境，面对相同的利率、税率、汇率等经济参数，因此经济调控手段具有公平性、非歧视性的特点。

第四,非强制性。与法律手段和行政手段不同,经济调控手段遵从物质利益原则,主要通过影响利益主体的经济利益间接地引导企业的行为,对企业行为不具有强制性。企业可以根据自身对市场趋势的判断,做出与国家调控目标不一致的抉择。

二、经济调控手段的作用机制

鉴于经济调控手段的特点,经济调控手段的作用机制主要表现为以下四方面:

第一,调节功能,包括调节社会再生产各个环节、各个产业的关系,调节国家、企业、集体、个人之间的利益关系。

第二,控制功能,即通过税率、汇率、利率、价格等经济杠杆,引导各项经济活动向国家社会经济发展的总体目标靠拢。

第三,核算功能,即借助价格、税收等经济杠杆,核算劳动耗费,比较投入与产出,平衡社会供给与需求。

第四,监督功能,借助会计、审计、银行监管、稽查等手段,根据法律和规章,对企业个人的经济活动及其与政府、职工、相关企业的关系进行监督管理。

三、对外贸易经济调控的实施

(一)经济调控手段是社会主义市场经济条件下外贸管理的主要手段

市场经济的发展要求充分发挥市场机制的自发调节作用。社会主义市场经济具有市场经济的一般特征，就是要使市场在国家宏观调控下对资源配置起基础性作用，使各种经济活动遵循价值规律的要求，适应供求关系的变化，通过市场竞争与激励作用，辅之以国家对企业经济活动的引导、调节和干预，使资源流向效益最优的企业、部门和地区。因此，社会主义市场经济体制中的宏观调控方式应当以经济杠杆为重要手段，以间接调控为主要方式，让市场机制居于调节的中枢，这同计划经济体制下以行政手段为主的直接调控方式有着本质的区别。

（二）运用经济手段调控对外贸易，是国际贸易通行规则的要求

对外贸易宏观调控不仅要适应社会主义市场经济体制的需要，还要符合国际贸易通行规则的要求。以世贸组织规则为核心的国际贸易通行规则主要以市场经济运行机制为基础，外贸宏观调控方式要求间接化，即主要运用经济手段调控外贸企业的经济活动，减少对企业的直接干预。这既有利于保证外贸调控的非歧视性，也有利于维护市场竞争的公平秩序。我国作为世界贸易大国，必须尊重和执行有关的国际贸易准则和规范，采用规范的宏观经济管理模式。

第六章　经济管理战略

第一节　经济管理战略的意义与内容

由于各个国家的条件和所处的客观环境不同，管理经济不会只有一种思路、一种方法。具体地说，本国的资源总是有限的，怎样有效地组织和利用资源，乃至利用全球化配置的境外资源来实现本国的社会经济增长并达到一定的目标？同时，在这一过程中，形成怎样的经济结构？如何在新的水平上保持农业与工业的平衡，并使产业结构不断合理化？在对外经济关系中如何自我保护？如何处理地区间的发展关系？这些问题最终都归结为一个问题，即在一定时期内，人民的生活可以提高到什么程度。要在各种解决方案中做出最优选择，就要求确认一个总的指导方针和统一目标，由此提出了经济管理战略问题。

经济管理战略具有长期性、稳定性、全局性、概括性的特点。它是对国家在一定时期内经济发展目标、方向、道路从总体上做出的最基本的概括性描述。它突出了经济发展思路中最具有关键意义的谋划和中心要求，而不是若干主要政策的简单汇集。它是立足全局、确保手段与目的一致的科学判断，而不限于从局部或目前利益出发的主观要求和具体措施。

一、经济管理战略在宏观经济管理中的重大意义

（一）经济管理战略是国家最高政治决策的重要内容

经济管理战略的形成必须着眼于国家的政治、经济和文化的使命。它是团结人民自觉地实现本国的历史任务，提高本国的综合竞争力，以在国际上争取主动和优势，增强本国竞争力的重大决策。它既是国家的最高政治决策，又是经济管理贯彻执行国家最高政治决策的政策工具。

（二）经济管理战略为经济管理的全过程设定了基本框架和依据

我国的实践说明，正确的管理战略是经济发展规划管理的基础。各项政策的制定，计划的编制和执行，经济运行中的导向和约束、鼓励和监督等，都是为了实现战略目标，在国家经济管理战略的指引和约束下进行的。宏观经济管理的成效，也要以是否符合经济管理战略的要求为分析评价的基本准则。

（三）经济管理战略确定的经济发展基本对策，决定着经济发展中资源配置的倾向和效率

经济管理战略是在全面分析国内外环境的基础上提出来的。对于如何发挥本国优势，利用经济全球化来弥补自己的劣势，为本国经济创造更加广阔的发展空间，组织和利用本国和外国的资源，把人民的当前利益和长远利益结合起来，并取得优化的经济效益等关键性问题，只有从战略的角度出发，才能得到科学的论证和正确的解决方法。

(四)经济管理战略是实现经济发展的基本保证

经济发展的成就与进步、挫折与失误,是管理战略实施的结果,最终要从管理战略上找原因。战略性的错误影响深远,比纠正一般政策错误要难得多。建立在科学依据上的战略是经济发展取得成功并长期受益的根本保证。当然,战略的科学性是有条件的。成功的管理战略也不能一劳永逸。在新的形势下,要寻求新的管理战略,就要加强对管理战略的研究,加强对管理战略实施过程的追踪研究,加强对战略实施的检查,及时进行战略修订和调整,以保证经济管理的战略指导地位。

二、经济管理战略的构成要素

经济管理战略的基本内容由若干要素构成。战略思想、战略目标、战略重点、战略布局、战略步骤、战略对策是经济管理战略必不可少的组成部分,被称为经济管理战略的六大要素。

(一)战略思想

战略思想是制定经济管理战略的理论依据和指导原则。它指导和决定了战略目标的选择、战略重点的确定和战略对策的实施。战略思想的正确与否,直接关系到整个经济社会管理战略是否切实可行。我国在发展中国特色社会主义经济的过程中,坚持以科学原理同中国的具体国情相结合,以客观经济规律作为战略指导思想,来确定我国的经济社会管理战略目标,选择实现既定战略目标的相应发展模式和途径,以及采取相应的战略步骤和战略对策。

（二）战略目标

战略目标是指经济管理战略中所制定的经济社会发展在一定时期内所要达到的预期要求和结果，它是整个经济社会管理战略的重要组成部分。战略目标是经济社会发展的总体目标和长远目标。国家各项长期经济社会发展计划的制订都是以战略目标为依据的。国家各项长期经济社会发展计划就是经济社会管理战略目标的具体化。战略目标既是战略提出的出发点，又是战略实施的最终成果。目标是战略的灵魂，没有明确的目标，战略的其他内容就没有任何意义。

经济管理战略目标一般包含三方面的要求：①经济增长目标，这往往是一个总量指标，如经济规模、增长速度等；②提高人民生活水平和其他社会经济质量目标，如人均收入或消费、社会发展目标等；③综合国力目标，如投入产出规模、进出口总额、产业结构、经济效益等，以及针对本国必须解决的特殊重大问题而设定的特定目标。

在管理战略的表述中，必须突出反映目标的确定性要求，才能使战略具有鲜明性、动员性和坚定性。

（三）战略重点

经济管理战略重点是指在一定时期内，对整个经济社会管理战略目标的实现具有举足轻重意义的关键环节。战略重点是经济发展过程中的关键环节，恰当地集中调配有限的资源和力量，促进关键环节的突破和发展，以带动整个经济社会的全面突破和发展。我国在经济社会管理战略中，一贯比较注重强调战略重点的制定和突破。在各类国家重点建设和发展项目的成功推动下，促进了整个国民经济和社会的全面发展。可能成为战略重点的部门和领域有：①实现管理战略目标过程中的关键部门（如教育、科学技术等）；②在国民经济中重要而又薄弱的环节（如我国的农业、基础设施等）；③国民经济中的潜在优势部门（如水力利用等）；④具有扩散效应的部门（如某些原材料工业等）。加强这些重点，可以带动全局，达到预期的目标。

（四）战略布局

战略布局是资源配置的空间部署。一个国家的经济发展在区域间往往是不平衡的，不仅自然资源条件的禀赋有地区差别，而且经济开发有先后、现有经济水平有高低，这在发展中国家几乎是普遍存在的现象。经济发展区域不平衡且有扩大差距的趋势是我国的基本国情，如何处理经济发展中的区域关系，属于管理战略必须回答的问题之一。一般地说，按照市场经济原则，资源配置倾向于已经开发的地区，因为这样有利于取得较好的经济效益。我国是社会主义国家，缩小地区差别是全国人民的共同任务。

（五）战略步骤

经济管理战略是一个长期的发展决策和计划。它的战略目标需要经过一个相当长的时期才能逐步实现。因此，整个经济管理战略目标就必须按步骤、分阶段地来落实，将长期的战略目标分解为阶段性战略目标来落实。因此，战略步骤是实现目标顺序、过程的时间界定。一般来说，战略步骤分为三个阶段，即准备期、发展期和完善期，应明确规定每一阶段的阶段性目标和任务，使前一阶段为后一阶段打基础，而后一阶段又为新的战略步骤创造条件。

（六）战略对策

为了保证经济管理战略目标的实现，必须在制定战略目标的同时制定相应的战略对策，以具体落实和执行战略目标中规定的各项任务。战略对策包括与实现战略目标相配套的各种政策、法规，以及方式、方法等。战略对策运用是否得当，会对整个社会管理战略的实施产生很大的影响。正确、恰当、灵活的战略对策，对战略目标的实现将起到巨大的推动和促进作用。因此，战略对策是针对实现战略目标过程中的矛盾所采取的基本政策和基本措施。

第二节　经济管理战略的确定

一、确定经济管理战略的依据和原则

提出经济管理战略的设想，做出经济管理战略的决策，从根本上要对管理战略进行研究，掌握足够的决策依据。

（一）对本国社会经济发展现状的认识与判断

一个国家现有的生产力水平和社会发展阶段是进一步发展的出发点。因此，对本国现在所具有的经济社会发展水平和处于何种发展阶段，必须有科学的认识和清醒的判断。过低或过高的估量，都将影响战略目标的确定和战略对策的选择。

（二）对国家经济资源的分析和评价

在和平与发展仍是世界主流的环境中，一国的经济发展主要建立在本国拥有的可利用的全球资源的基础上。经济管理的战略目标，必须与可利用的全球资源条件取得平衡才能确定。因此，要对本国在战略实施期间拥有的经济资源有广泛、深入的了解，并做出客观的分析和评价，使战略目标和战略对策的内容具有充分可靠的科学依据。因此，资源分析就是对经济发展客观条件的分析。

经济资源条件可以分为四类：

（1）社会资源。包括人口的规模、结构，劳动者的文化素质，历史传统，社会环境，国际关系等。

（2）经济资源。包括基础结构，产业结构，生产能力，经济规模、效益、体制，资金等资源和对外经济联系等。

（3）技术资源。包括科学技术研究组织、体系，人员规模、结构，工艺水平，科技普及，高新技术等。

（4）自然资源。包括国土、气候、水、海岸、矿藏、生物、能源等。

（三）对国际环境变动趋势的掌握

国际环境的动向要求一国的经济管理战略必须立足于全球战略的高度。我们必须寻求更为广阔的发展空间，争取在更高层次上求得国家的繁荣和发展。这就要在全球范围内了解、掌握并综合考虑国家面临的机遇和风险，诸如技术进步、资源利用、市场份额等的发展趋势，我们必须从全球战略的高度出发，提出本国的管理战略和对原有管理战略进行调整。

二、经济管理战略的转换和调整

制定新的管理战略,替换原有的管理战略,这就是管理战略的转换。管理战略的目标和基本内容不变,但对战略的某些内容、步骤、布局、对策做一定的补充、修正或增订,这就是战略调整。

经济管理战略的转换和调整,往往是在下列情况下提出来的:原有的战略环境(国内的、国际的)发生了重大变化;管理战略规定的某些主要任务已经提前实现,或无法继续下去;出现了新的社会、经济、技术和自然资源条件;战略实施过程中存在某些缺陷;战略决策层认识上的深化;领导集团的更迭;等等。经济管理战略的转换和调整对国民经济具有广泛的影响,带来明显的正面或负面效果,必须慎重决策,可行则行。因此,经济管理者必须做到以下五点:

(1)具有把握时机进行战略转换和战略调整的高度自觉性。把握战略环境的变化,及时主动地提出战略转移或调整,从新的战略高度拟定新的管理对策,应成为经济管理者的基本素质。

(2)重视战略的稳定性和严肃性。管理战略对经济运行具有决定性的影响。对于必要的一般性调整,在战略实施中进行具体对策的转换即可。但战略目标的变动是关系全局的大事,必须慎重考虑、反复论证,绝对不可粗心大意或意气用事。

(3)在制定新的管理战略的同时,有必要同时制定备用方案。这是因为在制定管理战略时,会有主观上的局限性和客观上存在的不确定因素,为此需要留有余地,要做好两手准备。

（4）注意新的管理战略与原有管理战略之间的衔接和平稳过渡。对于涉及体制、结构的重大调整，以及不同社会集团之间利益格局的重大变动，采取渐进方式逐步地实现目标是有利的。

（5）对转换战略或调整战略可能引起的社会心理、观念上的不平衡，要有足够的预计和相应的对策。

第三节　经济管理战略的类型

按照某一战略要素的不同特征，可以将经济管理战略划分为若干不同类型或模式。对战略模式的分类有利于我们在制定战略或调整战略时，根据已有的条件做出选择，或可以为实行某种类型的战略而积极地创造必要条件。我们还可以借鉴前人的经验、教训，打开新的思路。简而言之，分类是为了选择，进而在选择中创新。

一、按战略目标的指导方针划分

（一）自足型战略

自足型战略又被称为自我保护型战略、封闭型战略。这是在经济发展水平比较低，或在特定的战略环境下采用的战略。其总特点是自给自足、自我完善、稳定增长。在当前的国际条件下，将自足型战略作为总体战略已不适用，但对某些部门有时可能适用。

（二）模仿型战略

模仿型战略即完全或基本照抄照搬发达国家管理模式的战略。一些发展中国家采用过这种战略，绝大多数是失败的。

（三）赶超型战略

赶超型战略是以发展水平高的国家为目标，争取用较短时间达到与之相同的水平，实现目标的方法、手段并不一定是模仿别的国家的一种管理战略。但采取这种战略的国家有的成功了，有的失败了。

（四）竞争型战略

竞争型战略是以进取精神争取确立本国的优势地位的管理战略。战略目标的确定具有强烈的针对性，有潜在的"取代""排他"意识。

（五）协作型战略

协作型战略是利用在国际经济关系中的某些条件，发挥本国优势与他国相互补充、取长补短的管理战略。

二、按目标和对策结合的特点划分

（一）传统的战略

一些国家以实现工业化为目标，仿照发达国家的管理战略。但在新的国际经济环境下，这些国家的经济虽有所增长，但难以实现结构协调，导致债务严重，农业落后，并引起贫富两极分化。

（二）变通的战略

这种管理战略强调平衡发展、结构协调、独立自主、发展外贸。其不仅重视经济增长，也注重收入分配的合理性和人民的物质生活与非物质生活需要。

（三）满足基本需要的战略

满足基本需要的战略又称新管理战略，其强调从本国实际出发，以满足人民基本需要为目标，包括经济增长、提高就业率、控制人口、提高平均寿命、提高教育普及率等。

这三种战略类型是根据第二次世界大战后各国家的经验教训概括得来的，对发展中国家制定经济管理战略仍有借鉴和指导的意义。

三、按目标结构的特点划分

（一）一元目标战略

这种管理战略的目标单一，要求明确，如经济总量的规模、主要产品产量、人均收入水平等。常见的"速度型"增长模式就属于这一类型。一元目标战略可以作为一个较短时期的战略，不能作为长期的管理战略，因为一元目标战略往往忽视结构的合理性和经济效益的提高，虽然抓住了重点，但不能统筹兼顾，最终使国民经济逐步陷入恶性循环。

（二）多元目标战略

这种战略的目标是由几个突出并相互关联的指标和规定组成的，如提高经济增长率、就业率，保持物价稳定等。产业结构多元目标、进出口贸易对象的多元目标等也属于多元目标战略类型。多元目标之间既有联系，又有矛盾，因此，目标的确定和实现难度必然较大，对经济管理质量的要求更高。

（三）综合目标战略

这种战略的特点是通过合理的综合目标反映对经济发展的多元目标要求。综合目标不是多个目标的简单相加，而是多目标要求与实现条件的集中整合，因此综合目标的实现，必然推动经济、社会各方面的全面发展。

四、按战略步骤和布局的特点划分

（一）平衡发展战略

关于平衡发展战略存在两种意见，一种意见主张采取各部门齐头并进、平衡发展，建立各产业间相互补充、比例合适的系统，同时建立适当的基础设施。这样可以形成互相提供需要的国内市场，具有投资的吸引力。另一种意见认为各部门应同时发展，但不一定按同一速度发展，亦可以满足上述要求，这也被称为平衡发展战略。

（二）不平衡发展战略

主张集中力量首先发展某些部门，以带动其他部门发展的管理战略。因为过去的发展是不平衡的，为达到新的基础上的平衡，必然要通过不平衡的发展，由少数部门的发展带动其他部门发展。在资金有限的条件下，有重点地利用有限的资金才能有较好的经济效益。

（三）梯度发展战略

梯度发展战略是指在一定时期内优先发展某一地区，利用这一地区的有利条件"先走一步"，通过经济辐射或传递带动落后地区的发展。

此外，依据战略对象及实施范围不同，还可划分为国家总体战略和子战略。在国家总体战略的指导下，又分为区域经济发展战略、科技进步及转化为直接生产力的战略、资源利用战略、产业结构转换和合理化战略、国际经济贸易发展战略、社会与经济协调发展战略等，形成一个以总体战略为龙头的经济管理战略体系。

第七章 经济管理战略的模式

经济管理战略的模式主要有：动态复杂环境下的企业战略、长尾战略、大数据战略、模块化战略等。本章分别介绍这四种模式。

第一节 动态复杂环境下的企业战略

一、动态环境下的战略领导力

美国战略管理专家罗伯特·伯格曼强调，战略是指导我们行动的一种思维方式，它指引我们在动态的竞争中获胜。作为国际战略领导力知名学者、斯坦福商学院管理学教授、斯坦福高级经理人项目执行主任，伯格曼教授一直致力于研究战略在企业发展过程中的作用、企业内部创业、技术与创新的战略管理等。

（一）用战略眼光看世界

战略是一种心智模式和审视世界的方式。人们总是在思考战略，用战略的眼光来看这个世界。伯格曼教授指出，做一个有战略领导力的领导者，在一个快速变动的环境中特别重要。大胆和勇气是优秀战略家应具备的特点，利用快速、灵活、出其不意的手段，他们可以发挥传统力量的优势，并将其变为新的动力，令对手措手不及。

领导者需要用战略来帮助他们的团队获得持续的成功，帮助公司成长。战略领导力就是帮我们定义什么是成功，然后找到识别成功的指标，使之出现双赢的局面。

一旦做出一个战略决策之后，要再改变这个战略，返回没有做这个战略之前的状态是非常困难的，所以战略意味着承诺。战略不仅是公司最高领导者的事情，整个组织的各级领导者都需要战略思维，因为战略变革的各种迹象往往最早出现在第一线。伯格曼教授非常强调文化在战略制定过程中的重要性，认为应该建立战略领导力文化，没有文化的战略毫无力量，没有战略的文化缺少目标，因此战略的成功制定需要与文化进行有机结合。

改变各级领导者的心智领域要分两步走：第一步是识别，有些人迫不及待地希望改变，有些人永远不能改变，还有一类是观望者；第二步需要树立榜样，告诉他们成功的案例以激发他们改变的兴趣，对于永远不想改变的人，可能要考虑将其替换掉。不同组织的战略决策模式各有特点，大致可分为理性行为者模式、官僚组织模式、内部生态模式和"垃圾桶"模式。伯格曼教授认为，每家企业都是一个均衡的生态环境，战略创新以固定的模式产生，在大多数情况下，是由最高管理层推动大部分创新的，但是组织上下各级领导者也在促成创新。

战略领导力能够帮助领导者分清竞争中的指向性信号和噪声，从而使其做出正确的战略决策。愿景就是我们想实现的目标，作为领导者，首先要把具有挑战性的愿景有效地传达给团队成员，让他们付出努力去迎接这个挑战。当大家从情感上、理性上都认同这个愿景时，通过挖掘潜能把员工的能力提升到极限，并从他们身上得到实现愿景的承诺。伯格曼教授最推崇的一句话是，领导力就是能够使你的下属非常有激情地做他们不愿意做的事情。如果能够做到这一点，就是一个非常成功的领导者。

（二）动态环境与命运选择

伯格曼教授指出，动态环境一方面是指自然规律，另一方面就是类似中国的"天时、地利、人和"，知道在什么时间、什么地点做什么事情非常重要。在商业环境比较良好的情况下，领导力的作用不会太突出，而在一个动荡的环境下，领导力强弱会显示出较大差别，一个具有较强领导力的领导能更好地处理危机，拥有这种领导的公司有更好的发展前景。

在一个变动的环境中，领导者需要用长远的眼光去确定公司的发展目标，但是为了使公司不断发展并维持对其目标的控制，必须制定相应的规则，使公司能够稳步地向前发展。战略就是实现这一目的的手段。战略使领导者们善于利用各种机会来发挥公司的优势。

（三）战略警觉

战略警觉在难以预见未来动态变化的行业中尤为重要。在这些行业中，非常重要的一点就是，领导者要对战略有一种基于直觉的认识。这样，当按照因果联系采取相应措施，使得公司地位提高、竞争力增强时，领导者便能清楚地认识到战略的有效性。战略警觉会迫使领导者通过各种渠道了解潜在业务的优劣，还能让领导者看到何时会有良好的机遇。

二、动态环境下的企业战略变革

战略作为协调企业与环境的适应性关系以有效管理不确定性环境的有机系统,在企业环境发生变化时会提出转换或变革原有战略的要求,因而战略变革正是基于环境挑战所做出的一种反应,是企业与变化的环境相结合的产物。在激烈的市场竞争中,只有那些善于改变自己的企业才有可能获取更多的发展机会和生存空间。近年来,战略变革越来越成为中国企业在动态、复杂与快速变化的环境条件下,追求"做强、做大",成功"二次创业",增强企业竞争力,追求持续竞争优势过程中不可回避的现实选择。

(一)动态环境下企业战略变革的影响因素

战略变革就是企业在经营发展过程中对过去选择的、目前正在实施的战略方向或线路进行的改变。原来选择的战略在实施过程中遇到企业发展的环境发生了重要变化,企业对环境特点的认识产生了变化或企业自身的经营条件与能力发生了变化时,会提出调整要求。不论是何种原因,企业能否及时进行有效的战略调整与变革,都决定着企业在未来市场上的生存和发展水平。战略调整与变革作为企业实施动态战略管理的追踪决策,受到企业核心能力、企业家的行为以及企业文化等因素的影响。

1. 企业核心能力

改变、调整或变革企业的经营领域或方向,首先需要分析企业已经形成的核心能力及其利用情况。在竞争市场上,企业为了及时出售自己的产品并不断扩大自己的市场占有份额,必须形成并充分利用某种或某些竞争优势。竞争优势是竞争性市场中企业绩效的核心，是企业相对于竞争对手而言难以甚至无法模仿的某种特点。其目的是不断争取更多的市场用户，同时为顾客创造价值。是什么因素决定了企业能够形成某种竞争优势？我们认为是企业的核心能力。核心能力是积累性学识，特别是关于如何协调不同的生产技能和有机结合多种技术的学识。从这个意义上说，核心能力不仅超越了企业的产品或服务，而且有可能超越企业内任何业务部门。核心能力的生命力要比任何产品或服务都强。由于核心能力可以促进一系列产品或服务的竞争优势的形成，所以能否建立比竞争对手领先的核心能力会对企业的长期发展产生根本性的影响。只有建立并维护核心能力，才能保证企业的长期存续。核心能力是未来产品开发的源泉，是竞争能力的根源。

2. 企业家的行为

作为动态战略管理的追踪决策，战略调整、变革和企业其他类型的决策一样，受到企业家行为特征的影响。甚至可以认为，动态战略管理中的战略调整、变革是企业家行为选择的结果。因为企业是在企业家的领导下从事某种生产经营活动的，企业家的行为选择对企业的绩效和发展起着至关重要的作用。这种作用主要体现在以下方面：

首先，企业家的行为选择直接制约着企业的行为选择，企业行为选择不仅是企业家行为选择的直接映照，甚至是企业家行为选择的直接结果，从而直接决定着企业未来的行动是否有意义。从某种意义上说，企业经营领域与方向的选择或调整主要是企业家个人的事，因为在企业进行重大决策的过程中最终的方案确定主要取决于企业家。

其次，企业家的行为不仅影响着员工的行为能否转变成对企业有效的贡献，而且也直接影响着员工对于行为方式和行为力度的选择。企业家对员工的影响要通过日常的直接管理来完成。企业家行为对企业经营绩效以及战略调整、变革的影响还可以从企业家行为特点对企业行为选择影响的角度来进行分析。企业家的价值观念和行为偏好不仅会影响企业对不同经营领域或方向的评价与选择，而且会影响企业在既定方向下技术路径与水平及职能活动重点的选择，从而不仅影响企业对市场环境的适应程度，而且影响企业在适应过程中活动的效率。

3. 企业文化

作为企业或企业家行为选择结果的企业战略调整、变革决策必然要受到企业文化的影响。企业文化是企业员工普遍认同的价值观念和行为准则的总和，这些观念和准则的特点可以通过企业及其员工的日常行为得到体现。文化对企业经营业绩以及战略发展的影响主要有：导向功能、激励功能以及协调功能。企业文化影响着企业员工，特别是企业高层管理者的行为选择，从而影响着企业战略调整方向的选择及其组织实施。正是由于这种影响，与企业战略制定或调整和组织实施过程中需要采用的其他工具相比，企业文化的上述作用的实现不仅是高效率的，而且可能是成本最低、效果持续时间最长的。从这个意义上说，企业文化是企业战略管理的有效手段。

（二）动态环境下战略变革应对策略

在动态环境下，研究企业战略变革的决定因素尤其重要。有学者认为，企业有效推行战略变革的决定因素主要由企业的动态能力、学习力、持续创新等要素组成。

1. 构建企业动态能力

动态能力是指企业保持或改变其战略能力的基础能力。能快速进行产品创新且具有整合和配置企业内外部资源的战略管理能力的企业，在全球性的竞争环境中更容易获得成功。由过去的静态能力到现在的动态能力，代表了一种战略观的转变。如果说对稀缺资源的控制是利润的源泉，那么诸如技能的获取、知识的管理及学习等就成为根本性的战略问题，动态能力就成为战略变革的基础和获取竞争优势的源泉。为此，企业动态能力需要通过组织和管理过程、位置及发展路径这三个关键要素加以构建，来满足战略变革的需要。

2. 建立企业学习力

学习力是学习动力、学习毅力和学习能力的总和，企业员工必须具有较强的学习力，才能比竞争对手学得更快，才能获得持久的竞争力。因为企业持久的战略能力，就是比其竞争对手学习得更快的能力。企业动态战略能力的形成离不开知识的创新、积累、转移和共享，这就要求企业成为一个学习型企业和知识型企业，在不断发展中增加企业的专用性资产和隐性的不可模仿性知识等。在新的竞争时代，光靠雄厚的资源和扩大的规模并不能保证企业在市场中获得生存和发展的机会，学习的能力才是企业突破生存不利格局、实现永续发展的根本因素，只有重视学习、用心学习，企业才能适应不断变化的市场，才能获得持续战略能力。在一个充满不确定性因素的动态环境中，企业获得战略能力的关键在于如何利用所拥有的知识。现实中企业不能持续发展的原因是企业在学习能力上有缺陷，这种缺陷使企业在环境改变时不能迅速应对，从而严重影响了企业的生存与发展。

3. 企业持续创新

在动态的环境中，如果企业只有一种竞争优势且无力创造新的竞争优势，那么企业将很难生存。在动态环境中，企业要想进行有效的战略变革来获得持续竞争优势，就要能够深刻预见或洞察环境的变化并迅速地做出相应的反应。企业应该通过持续创新，不断超越自己，从既有的竞争优势迅速地转换到新的竞争优势，超过竞争对手，从而获得基于整体发展的持续竞争优势。真正的竞争优势在于没有竞争，避开竞争的最好办法就是新创并独占一个领域。

三、塑造企业的战略敏捷度

要实现战略敏捷度，必须考虑到三个关键范畴——战略敏锐性、共同承诺制和资源流畅性。这三个范畴相应地要求企业管理团队在企业管理方式上做出三个根本性的转变：首先，需要从以前瞻性驱动的战略规划，向以洞察力驱动的战略敏锐性转变；其次，企业管理团队要在工作方式上变革，从个人独立负责制转向相互依存的共同承诺制；最后，战略要在思维方式和行为方式上进行转变，从资源分配制和所有权制转向资源的共享与利用。这三个转变是企业实现从"战略管理"向"快战略管理"转变的关键所在。

（一）战略敏锐性

在复杂多变的形势下，企业比任何时候都需要战略思维，卓越的前瞻性依然重要，其可以对重大趋势的后果做出预判并辨清可能出现的突破与间断，可以使企业在快速战略博弈中很好地把握时机。但随着不稳定因素的增加，前瞻性必须与战略洞察力互为补充。具有战略洞察力，就是能够随着事态的发展去感知、分析和认识复杂的战略局势，并随时准备加以利用。

要具有战略敏锐性，首先要实现企业与外界知识交流程度的最大化。由于战略合作与联合试验的最终价值取决于参与者的数量和质量，所以多触角的信息网络十分必要。企业的不同群体要在各个层面上与不同的外部利益关系人保持多维度的互动。主管、战略家、职能专家和部门经理都应积极参与其中，从而形成全面互动的架构。外部联系人包括主要顾客、新型顾客、终端用户、合作伙伴与互补配套商、实力专家与智囊团。

具备了解自己的智慧是实现战略敏锐性的前提条件之一。主管要对企业业务做出恰当的界定，既能够准确阐释当前的具体业务及领域，又能够超越它们。同企业当下的业务相比，以更开放的态度来界定业务，会减少企业对当前业务的心理依赖，使之能够快速地介入和退出某一领域。在开发新商机时，企业要根据自身优势来选择，使开发新商机和运作核心业务实现互动。当然，企业还必须珍惜新见解和新机遇，消除野心勃勃、不切实际的想法。

促进高质量的内部对话也是实现战略敏锐性的重要一环。可以通过内部咨询师为高级管理者会议和战略决策过程提供丰富的事实性与概念性知识，或者邀请选拔出来的重要专家和具有高潜质的领导者参加会议，增强认知的多元化。制订人人参与的战略计划，企业就可以针对重大的战略问题，将高质量的内部对话延伸至组织的各个角落。

战略过程的开放性为战略敏锐性奠定了基础,因为其将企业同外界广泛、持续、紧密地联系起来。只有深入而广泛地扎根于周边环境,高度的战略警觉性和高质量的内部对话才具有价值。同样,只有通过高质量的内部对话,才能够提高战略敏锐性。

(二)共同承诺制

共同承诺制是指企业管理团队要齐心协力地在战略结构上做出选择。如果高级管理层就关键战略不能达成一致的看法,战略敏锐性将毫无意义。

要建立共同承诺制,必须建立四个管理机制:实现组织手段的相互依存性、实现共谋其政、实现企业管理团队的人事变动、建立首席执行官的首位平等制。

企业管理团队应放弃部门过于独立自治的组织原则,根据价值链或工作职能进行组织,使企业管理成员之间能够相互支持。企业可以正式指派企业管理成员负责价值链上的不同步骤或环节(而不是某种业务),决策必须由团队成员共同做出,承诺也必须由大家共同履行。企业要对交叉业务和职能部门的共同职能进行整合,对共同的价值创造逻辑进行整合。企业还可以通过为企业管理团队成员设计和分配各种不同职责来增强其相互依赖性,但必须注意平衡担负企业职责的人员之间的权力间距。比如,赋予最小部门的领导最大的企业职责,不但能促使该部门的领导认真对待自己的职责,还有助于抵消较大部门的领导自然积累而成的权力优势。

企业管理团队应从烦琐的日常工作中解放出来,集中研究影响多种业务的政策问题,实现共谋其政。企业管理团队要确立明确的目标,正视冲突,保持流畅的对话方式，并能做到时刻反思、随机应变。随着建设性对话的开展，企业管理团队的工作能力也会增强。

企业管理团队要及时进行人事变动，因为长时间地从事同一工作会导致团队沟通减少，个人热情减退。核心职责轮换制度是一种富有成效的变动机制，通过企业管理成员间的角色转换，可以使每个人的认知丰富而多元化，消除沟通障碍，促进共同承诺制发展。需要注意的是，由于新人容易被传统的思维模式和工作方式所同化，因此个别的变动并不能实现真正的变革。有效的操作方式是先对企业管理团队进行整体拆分，然后一次性更换数人。在人事调整中，要让"老英雄"们体面退出，实现从老领导向新企业管理团队的快速转移。

在企业高层中，首席执行官是平衡团队运作与非团队运作差异的最终人物，要倡导首席执行官的首位平等制。在这种制度下，创建一支平等共事的团队，让团队的领导权在成员间动态转移成为可能。公司能实现群策群力，首席执行官也可把更多精力用于思考公司的长期奋斗目标上。

"相互依存"是共同承诺制的基础，其为企业管理成员以团队方式行使职权提供了充分的依据。在企业管理团队人事更替的方式上，首席执行官面向团队的领导风格是改善企业管理团队协作精神的一个关键点。

（三）资源流畅性

资源流畅性是当商机形成时，为之快速重新配置资源的能力。没有资源流畅性，战略敏锐性和共同承诺制就毫无价值。

激活资本资源、激活人力资源、减少经营及市场进入与退出风险、对资源进行发掘和动态评估是实现资源流畅性的四种方法。

企业应弱化组织的森严性，像有机生命体一样，建立进行业务运营的多维组织，建立获取资源的多种渠道，通过多条线分配诸如产品、核心技术、顾客群体等多种资源，实现协作的灵活和快速。多渠道能够让各种力量保持均衡，能使所有人都畅所欲言。真正意义上的多维组织结束了管理层所熟悉的双边管理关系。

另外，为了减少部门间的摩擦，多维组织要为关键部门提供一体化的绩效测评标准。统一的绩效测评数据为建设性对话提供了事实依据，让人们能够以不同的观点对同一数据进行比较，实现各部门工作的共时最优化，也就降低了对各个部门逐一优化的成本。多维组织还要将企业经营业绩同资源所有权分开，这意味着不会有任何一个部门和业务领域能够"拥有"经营其业务所需要的全部资源。此外，要激活资本资源，还要建立动态治理机制,通过制定可调整的计划流程和资源分配规则,平衡各部门发展差距,限制对核心业务的过度投入，完成任务和职责的动态配置。

企业需要用新方法激活人力资源，如建立可计量的轮岗指标，在公司内部开办开放式就业市场，为个人职业发展潜力和机遇提供可见性等。就小处而言,要保证个体历史记录和评价的公正性,实现内部人员的合理流动；就大处而言，可以实行人力资源的团体性流动，以保证其轮换岗位以后的良好团队协作力，也可事先集中一批资深经理供首席执行官直接调动。

降低经营风险和市场进入与退出频率，可以通过模块应用来实现。模块化组织结构可以用于创建和复制大型多维组织的小型单位，且不会丧失全球化透明度和经济规模效益。模块化组织原理也可以应用于员工个体。

许多企业目前正将其内联网改变为基于综合性作业和员工管理的网络环境。如果设计得合理，这些网络能够把员工同岗位和任务相分离，使员工不受时间和地点的约束在各种岗位上做出卓越贡献。企业也可以摒弃烦琐的部门登记和监管措施，节约管理成本。

对资源进行发掘和动态评估也必不可少，资源的获取与利用不仅仅是资源分配和人员流动的静态问题，更是企业的资源库不断丰富和人才不断发展的动态过程。这就要求企业不断学习并开拓新业务，建立动态资源获取机制，适应瞬息万变的市场环境。

以上各种方法会对资源流畅性产生积极而直接的影响，与战略敏锐性和共同承诺制相反，方法之间不存在既定顺序。但是，模块应用可以增强支撑动态能力和资本资源分配的机制。

在塑造战略敏捷度的过程中，战略敏锐性、共同承诺制和资源流畅性是三个核心要素。在企业发展过程中，要打破传统战略思维的束缚，只有让企业"快"起来，才能够更新竞争方式，开创新兴市场。

第二节　长尾战略

一、"长尾"的内涵

对"长尾"的研究始于美国学者克里斯·安德森，但至今尚无正式定义。安德森认为，对于"长尾"最理想的定义应解释长尾理论的三个关键组成部分：①热卖产品向利基产品的转变；②富足经济；③许多小市场聚合成一个大市场。其他学者也对"长尾"的定义进行了各种诠释。有学者发现，通过特殊的市场法则（长尾原理），公司不仅能保留原有的顾客，而且能捕获新的顾客，特别是那部分不在头部的80%顾客将成为利润的主要来源。

国内学者认为长尾经济是内部和外部范围经济的结合，但长尾经济却不等于范围经济，长尾经济甚至可以不是范围经济，而是差异经济、个性化经济、创意经济等异质性的经济。企业界一直奉行的"二八原理"铁律，随着互联网的崛起也许将被打破，99%的产品都有机会被销售出去，这就是长尾效应。而另一些研究人员认为长尾理论是指在网络化、电子数据管理的条件下，研究以最低的成本生产和推广产品，以最高的质量搜索和找到产品，以边际成本效益的改变影响潜在市场利润空间出现并产生新的具有差别化和异质化的可交换市场的理论。

二、长尾战略的优势

（一）长尾产品需求的范围经济效应

首先，效用与需求的同向依赖关系决定需求曲线向右下方倾斜。需求曲线向右下方倾斜是经济学的基本假设之一，其意指需求量与价格负相关。长尾理论通过摆脱现有市场中与对手的竞争和博弈，在现有产业之外开创蕴含着庞大需求的利基市场空间，进入全新的领域，商品或服务所蕴含的效用价值成为影响需求的决定性因素，价格为次要因素。换句话说，在长尾利基市场里，消费者更关心的是效用价值，而不是价格。

其次，范围经济属于特殊形式的长尾经济，但长尾经济却不完全等于范围经济。长尾经济关注各种不同的消费需求,不是瞄准现有市场"高端"或"低端"顾客,而是面向大热门市场之外的具有潜在需求的买方大众,通过细分市场以及专注区分消费者的差别来满足其偏好,致力于满足大多数客户的个性化需求,最后通过整合细分市场,整合不同消费者需求的共同之处来重新定义自己的产品。与范围经济相比,长尾的"范围经济"不限于同一企业内部,可以是产业集群,也可以是非地域性的全球协作。

最后,引导用户去探索自己感兴趣的产品,通过用户的个性化需求拉动产品消费。长尾理论通过在大众化产品之外提供众多的个性化定制产品,从而做到区别对待每一位客户,这就是推动型模式与拉动型模式之间、广泛性与个性之间的差别。例如,推荐是娱乐业一种非常有效的市场营销手段,其使得那些低成本电影和非主流音乐能够找到自己的观众群。推荐能让消费者得到性价比更高、更准确的其他产品信息,激发他们进一步探索的兴趣,从而创造出一个更大的娱乐市场。

(二)长尾产品供给的规模经济效应

1. 长尾产品是向右下方倾斜的供给曲线

一般产品的供给曲线都是朝右上方倾斜的,供给量与产品价格呈同向关系。长尾理论认为,价格已经从第一位的影响因素退居次要因素,并被成本取而代之,生产者更关心的是产品成本的多与少,而不是价格的高与低。成本越低,则供给越多;反之,成本越高,则供给越少,两者呈反向背离关系。

2. 长尾产品供给的正向回馈经济效应

传统的大规模生产,是生产方规模经济,是一种负向回馈经济,是一种牛顿式的制衡系统，是通过价格调整来恢复平衡的机制。长尾经济中则是一种达尔文式的制衡系统：当需求增加时，生产将具有更高的效率及更高的报酬，效率的提高导致价格下降，从而创造了更大的需求，更大的需求又创造更多的供给，这是一种正向回馈经济。正反馈与正外部性是需求方规模经济的基础，正反馈从需求角度理解就是需求曲线向右上方倾斜，即消费越多，需求越大。

3. 长尾理论个性化、差异化产品供给下的规模效应

传统经济理论认为，提高经济效益的根本途径是"规模经济"效应，即扩大生产规模，优化资源配置，降低产品单位成本，扩大市场所占份额，然而在市场达到一定规模后，边际成本呈递增态势。长尾理论向产品供应商灌输了这样一个理念，即在消费需求日益多样化的今天，应当重视消费者的个性化、差异化需求，并在低成本生产、渠道营销和有效传播方面加大力度满足这些需求。一方面要满足消费者的个性化需求；另一方面要思考如何实现企业的经济增长，降低成本。

三、长尾战略在中小企业中的应用

（一）对企业客户群体的细分

传统的"二八定律"下的企业市场营销，将主要精力集中在"二"上，而鲜少关注另外的"八"，这显然是"丢了西瓜捡了芝麻"，而长尾理论的提出是对企业的市场定位进行重新洗牌。为什么企业要更关注"八"呢？因为在存储和流通空间足够大的时候，"八"这部分的大众对象就像一片

广阔、分散的区域，如果可以把握这一块区域，收获将不一定比集中的区域少。长尾理论是基于信息技术兴起所带来的信息流储存、交流成本的急剧降低所形成的一种新的理念，为企业提供了新思路。

首先，企业对于市场需要重新细分，根据不同客户群体间的需求差异划分不同的市场，如可以将消费群体划分为普通消费群体、贵宾消费群体、中低端消费群体、高端消费群体。其次，选择针对每一不同的消费群体开发一种适用的产品。最后，企业依据自身的情况选择服务于其中的一个或少数几个细分市场或利基市场。为不同的细分市场提供多种不同产品的企业可以更好地满足广泛的顾客需求。由此产生的结果则是，如果它对产品进行了正确的定价，顾客需求将会上升，来自整个市场的收入比只生产一种产品时更多。

（二）企业顾客关系管理的有力辅助

在现实的顾客关系管理过程中，除了与企业具体营销业务本身的成熟度有关外，还与企业所从事的具体营销业务所处的竞争环境相关。尤其是中小企业受到资源的限制，所获得的信息明显不对称，那么此时选择长尾理论无疑可以扬长避短，中小企业能够以顾客数量为突破口，抓住顾客关系中占多数的"八"。

市场越接近于完全竞争状态，越要重视大多数包含中小顾客的利基市场。随着全球经济市场化程度的不断加深，长尾理论在顾客关系管理中起着越来越重要的作用。在具体的顾客关系管理中要求中小企业审时度势、抓大放小，短期内抓住重点，重视单个顾客业务的绝对数量以及大量顾客的利基市场，把服务做到最细微处。这要求企业不仅有充分的逆向思考的管理思想，更重要的是还应具有与实现这种管理逻辑相匹配的服务能力。

（三）对企业市场营销的重新定位

在网络经济下，由于技术、资源等诸多原因，中小企业在热门、大众市场的竞争中明显处弱势地位，无法与大企业抗衡。而热门市场的过分拥挤将导致产品的滞销以及市场的消亡。另外，在富足经济状态下，少数的大众主流产品不能满足消费者个性化的需求，大量利基市场生产的非主流热门产品正逐渐被消费者接纳。

在传统工业经济下，由于行业供给未达到饱和，企业可以集中全部资源开发"热门市场"。但目前随着技术的发展，市场的供给日益饱和，企业的生产能力开始过剩，所谓的"热门市场""热门产品"变得并不"热门"，市场价值潜力渐失。相反，长尾市场在新的商务运营环境中的潜力日益凸显，因此开发长尾市场在中小企业的市场营销定位中显得尤为重要。

放弃热门市场，采用"蓝海战略"，不失为中小企业一个明智的选择。根据中小企业自身的竞争优势，选择并尽早进入一个或多个非主流的小众市场，能更快地使企业自身处于竞争的优势地位。

（四）推进企业信息化技术的应用

长尾市场具有的边缘化、小规模等特性都非常符合当前市场上中小企业及其产品的特征。中小企业由于其自身的劣势，要想与大企业抗衡，必须采用信息化技术帮助企业更快地掌握市场动态。同时，今天的信息技术使得企业之间能够以较低的成本快速地传递信息，在某种程度上，这意味着过去的高度集中变得没有那么必要，企业可以选择专注于自己所擅长的领域与环节。所以，从这一点上看，大量的专业化小企业会诞生。另外，长尾理论也促进了中小企业的信息化应用发展。

第三节　大数据战略

大数据发展对企业经营管理的各方面都产生了深刻影响。管理学界对大数据的影响已有敏锐的洞察，学者们开始重视并试图分析其对企业管理各方面潜在的影响。学者们对大数据影响的讨论与分析主要聚焦于营销管理领域，这与大数据主要产生于消费者的访问、交易和评价记录有关。企业高管应重视大数据的价值，并将大数据视为一种竞争要素和战略资源。

一、大数据对传统战略思维的影响

（一）对"以资源为本"战略思维的影响

美国经济学家沃纳菲尔特在其发表的经典文章《企业的资源基础论》中提出，企业的组织能力、资源和知识的积累，是企业获得并保持竞争优势的关键。此后，美国战略管理专家巴尼等人进一步指出，企业是一系列资源的集合，企业所控制的有价值的、稀缺的、不可模仿的、不可替代的资源和能力，是企业获得持续竞争优势的关键。在此基础上，美国经济学家普拉哈拉德和哈默在《哈佛商业评论》上发表《企业的核心竞争力》一文，认为企业提供产品或服务的特殊能力是基于其核心能力的，企业核心竞争力是企业可持续竞争优势的来源，不应将企业看作不同资源配置下的不同业务组合，而应将企业看作隐藏于业务组合背后的、更深层次的核心能力的组合。企业只有基于所拥有的资源而不断构建、培育和巩固其核心能力，才能获得可持续的竞争地位。基于核心能力的战略思维，实质上是以资源为本的战略思维模式的扩展和动态化，虽然两者存在差异，但都强调竞争优势的内生性。在以资源为本的战略思维指导下，企业决策者愈发重视企业是否拥有不同于竞争者的独特资源，是否具有超越竞争对手的核心能力。

例如，掌握庞大的顾客信息数据，通过创建网络社区等方式与顾客进行实时互动，收集顾客想法、意见并给予及时回应（如每周发布一个新版本的MIUI系统），不断地满足顾客的需求，是小米公司快速成长的主要因素。可见，拥有和利用大数据，能够让现代企业获得竞争优势并快速成长。获取大数据和利用大数据创造价值，成为新经济环境下"以资源为本"战略思维需要关注的内容。

一些传统企业缺乏获取并利用大数据的战略思维，导致其在新的竞争环境中失去了原有的竞争优势。以传统零售行业为例，很多零售企业的结账平台仅用于记录不同货物的销售量、销售金额等信息，缺乏对购买者信息的收集、分析与利用。又如，许多零售门店的监控摄像头仅用来防范偷窃，而不是用来记录顾客信息、分析顾客心理与行为的。万宝龙公司就曾利用监视录像记录进店顾客的不同表现，然后让有经验的销售人员对监视录像记录进行分析和判断，并将相关的知识体系制成软件，协助一线销售人员进行销售，使一线销售人员知晓什么时候该与顾客攀谈，什么时候该让顾客自己挑选等，结果使单个门店的销售额提升了20%以上。

在大数据背景下，企业与外界环境之间的边界日益模糊，信息共享和知识溢出成为企业与利益相关者之间合作竞争和协同演化的主要方式。在这样的竞争背景下，信息和知识成为企业管理中的重要生产要素，也是决定企业创新力的关键。基于大数据平台与外界建立社会网络，从外界获取有价值的信息，是企业获得竞争优势的关键。因此，重视大数据这种战略资源，积极获取、利用这种战略资源获得竞争优势，是"以资源为本"战略思维需要拓展的重心。

（二）对"以竞争为本"战略思维的影响

"以竞争为本"战略思维源于 20 世纪 80 年代以美国竞争战略专家迈克尔·波特为代表的学者提出的竞争战略理论。在该理论的指导下，竞争成为企业战略思维的出发点。竞争战略理论认为，行业的盈利潜力决定了企业的盈利水平，而决定行业盈利潜力的是行业的竞争强度和行业背后的结构性因素。因此，产业结构分析是建立竞争战略的基础，理解产业结构永远是战略分析的起点。企业在制定战略时重点分析的是产业特点和结构，特别是通过深入分析潜在进入者、替代品威胁、产业内部竞争强度、供应商讨价还价能力、顾客讨价还价能力五种竞争力量，来识别、评估和选择适合的竞争战略，如低成本、差异化和集中化竞争战略。在这种战略理论的指引下，企业决策者会逐渐形成"企业成功的关键在于选择发展前景良好的行业"的战略思维。

伴随着大数据时代的到来，产业融合与细分协同演化的趋势日益呈现。一方面，传统的不相干的行业之间，通过大数据技术有了内在关联。例如，阿里巴巴已涉足金融、物流、云计算等行业，传统的零售企业开始从事电子商务。大数据平台的构建，以及对大数据的挖掘和应用，促进了行业间的融合。另一方面，在大数据时代，企业与外界之间的交互更加密切和频繁，企业竞争变得异常激烈，广泛而清晰地对大数据进行挖掘和细分，找到企业在垂直业务领域的机会，已经成为企业脱颖而出、获得竞争优势的重要方式。在大数据时代，产业环境发生深刻变革，改变了企业对外部资源需求的内容和方式，同时也改变了价值创造、价值传递的方式和路径。因此，企业需要对行业结构，即潜在竞争者、供应商、替代品、顾客、行业内部竞争等力量进行重新审视，进而制定适应大数据时代的竞争战略。

（三）对"以顾客为本"战略思维的影响

伴随着产业环境动态化、顾客需求个性化等发展趋势，以顾客为本的战略思维模式逐渐形成了。这种思维模式的核心是：强调企业的发展必须以顾客为中心，无论是增强自身能力还是拓展市场，都要围绕顾客需求展开。研究顾客需求、满足顾客需求是这种战略模式的出发点。在这种战略理念的指引下，企业决策者意识到，要想获得竞争优势，就要比竞争者更好地发掘并满足顾客需要，创造独特的顾客价值。

在大数据时代，"以顾客为本"的战略思维也需要有新的变革。围绕顾客需求和企业的产品价值链，大数据时代的一个突出特点是社会互动的深刻影响，即从新产品开发、测试到新产品的投放，社会互动都扮演着日益重要的角色。例如，在新产品开发阶段，小米公司的MIUI系统开发同上千万MIUI用户的互动，是产品创新的智慧来源。又如，美国某T恤衫销售公司，每个员工都可以向其公司网站上传自己的设计，然后由网络用户对产品设计进行投票，公司最后决定生产并销售得票率最高的T恤衫。再如，英国的一家家具企业通过其网站来测试消费者对每种新产品的看法，经过投票产生前五名新产品，然后向市场正式推出这些新产品。在营销层面，当今的电子商务平台都高度重视网络口碑。网络口碑的实质就是顾客之间对产品的看法和意见的互动，后续消费者会根据已有的口碑进行消费决策，互动口碑已经成为产品营销的战略举措。

关于大数据时代顾客价值创造方式分析的一个共同特点是，价值创造的主体变得模糊，社会互动日益突出。传统的"以顾客为本"的战略思维，强调的是企业需要洞察市场、洞察顾客需求，进而设计新产品或改进已有产品，满足顾客需求并创造价值。大数据技术的发展，使社会互动能够被观察到并有效控制。因此，大数据对"以顾客为本"战略思维的影响，主要表现在重视企业和利益相关者的社会互动上，如同供应商互动设计更好的零部件，同顾客互动设计新产品、测试新产品、推广新产品。企业与利益相关者的互动，会使产品具有更高的性价比，满足顾客需求，从而获得竞争优势。

二、大数据战略思维的主要特征

在互联网时代，人们经常讨论怎样用互联网的方式思考，以及如何形成互联网的思考方式。在大数据时代，也应该有大数据的思维方式。根据美国西北大学凯洛格商学院陈宇新教授的论述，大数据时代的"大数据战略思维"特征主要表现为：定量、跨界、执行和怀疑。

（一）定量思维

定量思维是指"一切都可测量"。虽然现实经营管理的情况不是都可以测量的，但是企业决策者要持有这样的理念。例如，现在很多餐饮连锁企业都有消费会员卡，但是一般只记录顾客的消费金额，关于顾客消费什么则并没有记录。如果有了这样的记录，当顾客来消费时，就不仅可以判断他的消费水平，而且能分析他的消费偏好。管理者如果具备定量思维，秉承"一切都可测量"的思想，记录有用的顾客信息，将会对企业的经营和战略决策产生积极作用。

引领企业实现大数据转型的企业决策者，在进行企业重要决策时，应该养成"听数据怎么说"的思维习惯。参考数据分析结果进行管理决策，既能有效避免仅凭直觉判断的不足和风险，也能改变企业内部的决策文化，将企业经营模式从依靠"劳动生产率"转移到依靠"知识生产率"上来。

（二）跨界思维

跨界思维是指"一切都有关联"。企业经营的各方面之间都有相关性，应该发挥企业决策者的想象力，将看似不相干的事物联系起来。例如，移动终端和PC终端的跨界，微信、社交网络跟电子商务的跨界。通过跨界能够开创新的商业模式，构建新的价值链。

如果说通过大数据挖掘消费者需求考验的是企业的洞察力，那么高效地满足客户需求考验的就是企业内在的整合与优化能力。企业要想获得价值最大化，就要善于利用大数据提升价值链的效率，对其商业模式、业务流程、组织架构、生产体系等进行跨界整合，以进一步提升服务效率和企业竞争力。基于大数据的思维不仅可以提升企业的内在效率，还能帮助企业重新思考商业社会的需求，从而推动自身业务的转型，重构新的价值链。阿里巴巴集团就是充分利用大数据，成功地由一家电子商务公司转型为金融公司、数据服务公司和平台企业，它的转型给金融、物流、电子商务、制造、零售行业带来了深刻影响。

（三）执行思维

执行思维是指"一切都可利用"。执行思维强调充分地发掘、利用大数据。企业收集了大量数据，但只存放不利用属于资源浪费。企业应该注重时效性，发掘大数据中蕴含的市场信息，并及时对市场和利益相关者做出反应。在大数据时代取得成功的企业，并不是简单地拥有大数据，而是通过对大数据的分析，发现市场机会，从而开发新的市场。企业依托大数据分析获得的创意，为市场提供独特的产品和服务，通过高效的组织运作与执行，最终赢得顾客、赢得市场。

（四）怀疑思维

怀疑思维是指"一切都可试验"。企业获取了大数据，并加以分析，获取一定信息之后，有时会导致决策产生更大的偏差，认为有了数据的支持就觉得实际情况就是如此，从而忽略了深入的思考。实际上，有的时候数据会误导企业管理者，所以不能对数据抱有盲从的思想，而是要抱有怀疑与试验的思想。例如，航空公司经常根据顾客在本公司的消费情况计算其顾客价值，进而根据顾客价值的大小采取不同的营销策略。假如某顾客在某航空公司年消费金额为 2000 元，公司可能将其归类为低价值顾客，实际上该顾客在其他航空公司年消费额超过 2 万元。面对这样的情形，航空公司仅仅根据自己掌握的顾客消费数据进行决策，难免会出现错误或偏差。因此，管理者还需要有怀疑与试验的思维，要思考其获得的大数据是否全面，来源是否精准，不能盲目认为只要拥有大数据，就能够进行精准的决策。

在大数据时代，消费者的决策方式、购买行为等发生了显著变化。为此，企业经营管理过程中的战略思维应该进行变革。一方面，要对传统的以资源、竞争和顾客为本的战略思维进行升级拓展；另一方面，要发展并形成全新的大数据思维。

企业的战略思维涉及企业管理的最高层次，关乎企业的生存与发展前景。当代企业决策者要想获得商业成功，要构筑百年基业，就要具备大数据时代的战略思维。许多成功企业的经验证明，正是企业领导层具有大数据时代的战略思维，引领企业开创了新的商业模式、新的价值创造方式，更好地为顾客、为社会创造了价值，才最终促成了企业的爆发式增长。因此，升级传统战略思维，构建大数据战略思维，开展体现大数据时代思维特征的战略管理工作，是企业实现可持续发展的重要条件。

第四节　模块化战略

一、模块化战略管理

模块化不仅是一种创新方法，也是一种战略手段，其孕育着三类战略管理手段：模块化引导战略、模块化控制战略及模块化匹配战略。模块化贯穿于设计和制造全过程，模块化的发展动力来源于设计、制造和消费各自的内部领域以及三者之间的战略互动。

（一）模块化引导战略

1. 市场价值引导战略

（1）模块化结构与模块试验、创新相互促进

"结构价值""试验价值"和"创新价值"共同作用，只要结构、试验或模块任一变化，整体价值就应进行重新评估。

（2）"结构价值""试验价值"和"创新价值"各自动态效应递减

从模块创新看，设计创新和产品复杂性尽管可提高价值，但越复杂的产品其创新也越艰难。

（3）只有模块化设计师才能实施市场价值引导战略

模块化结构本身提升系统价值有限，最终会阻碍模块化发展，因此，必须实行开放性设计；模块设计本身提升系统价值也有限，最终也会阻碍模块化发展，因此，必须推动结构模块化；模块化不仅激励知识动态创新而且促进知识静态稳定。工艺知识数据和经营理念最终要在装备上有所体现，特别是对模块本身以及模块之间的关系进行处理，更需要把知识数据和经营理念嵌入制造设备，从而具有与加工制造对象相适应的工艺尺度以及与经营理念相契合的作业规程，并能使复杂模块制造体系在知识数据和经营理念上始终一致。制造过程控制战略使设计规则与制造过程统一起来，也有利于对模块化设计师的知识产权进行保护。

2. 技术知识引导战略

（1）提供设计语言

特定部件名称是设计语言的关键部分，模块化实际上是产品"观念"在"结合处"进行分割，设计者们需要讨论各种结构、每个设计如何运行以及对这些结构运行的所想和所得；规定哪些模块可被纳入系统及其对系统的贡献，并构成设计规则"结构要素"，为每个设计者提供交流平台。

（2）指明价值所在

用户把系统作为整体来进行评价（如计算机运行速度），而哪些模块影响系统的整体功能则需知识指导（如磁盘驱动器访问时间是影响系统速度的主要因素），并从中知道应该怎样进行努力（如减少磁盘驱动器访问时间）；实现从价值空间到设计空间的转换，以整合每个设计者的智慧和力量。

（3）确定质量标准

在对系统地图与价值所在进行充分描述后，价值与模块之间在方位上基本上确立了相互关系，产品性能和用户花费（性价比）是被用户广泛采用的标准尺度；将用户价值转换成模块性能，并整合设计规则的"测试标准"，给设计者提供设计标准。技术知识引导战略是市场价值引导战略的必要补充，特别是随着模块化的发展，模块测试日趋重要，设计标准更是必不可少的。

3. 创新激励引导战略

（1）协调市场价值与模块价值

用户关心的是整体价值而非模块价值，但由于模块化系统中各模块相互独立，设计者对每个模块的价值估计与整体市场价值之间必然存在差异，因而需要模块化设计师在管理方面采取引导机制，把市场价值与模块价值协调起来。

（2）促使每个模块适合于模块化系统

虽然在开放性系统中每个模块设计相互独立，但在功能上却相互影响，因而每个设计者都应该尽力使每个模块都不断适应系统以使整体最优。

（3）促进系统整体方向一致

随着模块环境不断变化，设计过程也越来越复杂，从而使探索模块组合成为更加艰难和极不确定的事情，因而需要把设计工作看作一个整体，不仅要把相关产品与技术知识、资本市场和用户需求等竞争因素结合起来，而且要使设计者的努力方向与系统整体发展方向相统一。

（二）模块化控制战略

1. 设计规则控制战略

（1）进行规则化塑造

尽管模块设计制造企业可根据其自身优势实现模块作业，但其前提是必须遵守模块化设计规则。这个过程实际上表现为在规则化生产工艺过程的基础上部件设计制造模式的逐步定型，从而构建其技术内涵和竞争能力。因而，模块化设计师可把握模块设计制造企业的规则化生产工艺塑造过程。

（2）开展标准化整合

模块设计制造企业的知识积累必须为规则化生产工艺过程服务，而其途径是接受模块化设计师培训。这个过程在实际中表现为标准化知识积累基础上的默悟性学习过程，从而建立工艺知识和框架知识数据库。因而，模块化设计师可通过系统标准对模块设计制造企业进行流程再造整合。

（3）采取专业化定位

虽然模块设计制造企业可结合其自身优势进行默悟性学习，但是其必须选择模块进行专业创新。这个过程实际上表现为专业化基础上的灵活性调整适应过程，从而形成具有自身特点的关键工艺。因而，模块化设计师可尽量增强其知识学习的指向性并降低其知识积累的变通性。模块化发展使设计规则控制战略更显重要，也更需要其平衡系统创新演进过程中的成本收益关系。

2. 制造过程控制战略

（1）生产有序化

模块化制造过程包括一些生产问题，这就不仅需要进行组织和制度创新，也需要管理和文化稳定，从而使模块不仅具有一定创新水平，还能够保障模块供应。而模块化不仅是一种创新方法，而且是一种组织工具，通过它可实现生产过程创新基础上的有序化。

（2）工程稳定化

模块化制造过程还包括一些工程问题，这就不仅要发挥模块制造个体的判断决策作用，也需要利用历史数据的深厚知识积淀，从而要求模块制造个体的知识经验、能力符合战略联盟的要求。而模块化设计师在获得知识垄断能力后，也可对制造过程进行内部化，通过战略延伸加强其控制能力。

（3）委托设计战略有利于激励模块设计创新

尽管模块设计处于模块化设计师和大型制造厂商控制之下，但只要遵守设计规则、符合制造尺度，就可激励各方设计力量投入模块设计竞争中，从而提高专用模块的创新水平。可见，委托设计战略有利于模块化设计师实施一体化经营，可发挥大型厂商制造平台的作用并结合社会力量进行模块设计创新。

3.质量安全控制战略

（1）质量安全需通过跨边界参数予以体现

无论工程还是生产都要考虑质量安全，而质量安全是超越各模块相加结果以外的整体特性，特别是航空航天设备、交通运输设备和光电能源设备等更是如此，不能完全依赖各模块参数，还需要由跨边界参数在系统整合过程中加以体现。

（2）质量安全参数应被纳入设计规则并进行系统测试集成

设计规则应包含质量安全参数要求，并制约模块独立自由设计。模块化设计师应控制设计规范和图纸、工艺规范和标准以及特种工艺和管理手段，即使其中有些由模块设计制造者编写实施，也必须由模块化设计师审核批准，同时还要加强系统测试集成。

（3）质量安全控制应延伸到制造过程

质量安全控制不但于设计规则中体现，而且于模块设计中体现，不能只停留在设计过程上，还要延伸到制造过程中。模块化设计师可对各制造阶段进行控制，甚至把质量安全参数嵌入控制硬件平台中，直至设计制造全过程一体化。质量安全控制战略把工艺设计、工件参数、装备使用、交货环节及流程监测等结合起来，使质量安全约束从设计测试领域扩展到加工制造领域，并进行全程控制。

（三）模块化匹配战略

1. 规模定制战略

（1）规模定制战略有利于实现规模化生产和满足差异化需求

知识边界与物理边界都小，意味着知识模块化与物理模块化程度都高，这样就可把模块规模化生产与系统模块组合多样性统一起来，并可在此基础上促进产业融合创新，这样不仅能够形成模块生产的规模经济，而且能够满足客户差异化需求。

（2）规模定制战略促进系统完善

产品定制实际上就是把客户差异化需求作为设计约束，其定制深度取决于定制点，定制点无论是局限于各个模块本身还是深入系统结构、界面和测试中，都对设计规则兼容性提出了更高要求，促进模块化进一步完善。

（3）规模定制战略促进系统深化

产品差异实际上就是实现模块组合多样性，其取决于系统中模块数量和创新，无论是模块数量增多还是模块创新明显，都要求将模块分割得更加细致以促进设计竞争，从而促进模块化进一步深化。可见，规模定制战略有利于规模化生产和差异化需求统一，促进模块化系统的完善与深化。

2. 委托制造战略

（1）委托制造战略有利于保证质量安全和利用外部制造能力

知识边界大而物理边界小，意味着知识模块化程度低而物理模块化程度高，这样就可把跨边界参数纳入设计规则中，有利于模块化设计师对质量安全问题考虑得更多，同时可将制造过程进行精细分割，以更好地利用外部加工能力。

（2）委托制造战略有利于模块化设计师进行知识垄断和战略控制

模块化设计师主要负责制定和完善设计规则，获得对设计知识的一定垄断能力，可提高模块化设计水平，但加工外包可能影响产品制造过程中的质量安全，因而可利用其较强的知识垄断能力和较高的设计水平对加工制造过程实施控制。

（3）委托制造战略有利于模块设计制造企业确立专业化优势

模块设计制造处于模块化设计师战略控制下，模块化设计师无论采取设计规则还是制造过程或质量安全控制，都有利于提高专用模块设计制造水平。

3. 委托设计战略

（1）委托设计战略有利于发挥制造平台作用和调动各方面设计力量

知识边界小而物理边界大，意味着知识模块化程度高而物理模块化程度低，这样就可把产品制造集中在一个或少数企业中，从而有利于发挥大型厂商制造平台的作用，同时可对模块进行分散设计，有利于调动各方面的设计力量。

（2）委托设计战略是模块化设计师战略控制的有效延伸

大型制造厂商可利用生产加工优势，而把专用模块设计外包出去，这能够提高生产工艺水平。这通常需要与模块化设计师建立并实施市场价值引导战略，并获取更多模块化利益，弥补设计规则"沉没成本"和测试集成"周期成本"。随着模块化的发展，战略实施空间和利益空间也就会更大。

二、模块化竞争的优势

（一）来自模块化自身的竞争优势

模块化有其自身的竞争优势。弱势企业应挖掘"隐藏信息"，潜心于模块设计，并及时把握获利机会；强势企业要控制"明确信息"，并处理一些关键"隐藏信息"，通过模块化设计充分利用外部资源；模块化企业进行模块化设计并对市场变化做出灵活反应。

（二）来自模块化环境的竞争优势

模块化有来自环境的竞争优势。数码化提供了最简单明了的"共同界面"并促进了信息"浓缩化"；创新文化促进了"淘汰赛"和"开放性"并可改善"利益结构"；科学商业化促进了知识的"研发效率"和"近距离管理"并可挖掘"选择价值"；政府支持促进了风险资本"合作平台"和风险"可预测管理"并提高了创新的可能性。

参考文献

[1] 黎兆跂. 现代企业经济管理与财务会计创新 [M]. 延吉：延边大学出版社，2023.

[2] 赵晓霞. 经济管理理论与发展研究 [M]. 北京：经济管理出版社，2023.

[3] 魏化，果长军，王子花. 经济管理与会计实践研究 [M]. 哈尔滨：哈尔滨出版社，2023.

[4] 姜丽华. 自然资源经济与管理研究 [M]. 哈尔滨：哈尔滨出版社，2023.

[5] 徐宝山，聂君，张雪乔. 农村经济管理 [M]. 北京：化学工业出版社，2022.

[6] 柴华. 道路运输经济管理前景的实践和分析 [J]. 中国储运，2023(3)：90-91.

[7] 林艳，弓海英. 新形势下企业经济管理研究 [M]. 延吉：延边大学出版社，2022.

[8] 刘欢. 现代市场经济与管理研究 [M]. 吉林出版集团股份有限公司，2022.

[9] 吴金梅，秦静，马维宏. 经济管理与会计实践创新研究 [M]. 延吉：

延边大学出版社，2022.

[10] 闫杰，杨阳，张永霞. 现代经济管理与市场营销研究 [M]. 北京：经济日报出版社，2019.

[11] 宋岩硕. 新时代背景下的金融工程与经济管理基础研究 [M]. 北京：中国商务出版社，2019.

[12] 洪雨萍. 企业经营与经济管理学 [M]. 延吉：延边大学出版社，2019.

[13] 姜美伊. 经济管理现状和经济管理发展趋势 [J]. 营销界，2020（29）：144-145.

[14] 辛清念. 企业经济管理的创新策略 [J]. 现代企业文化，2022（35）：61-63.

[15] 郑延光. 经济管理现代化和经济管理发展趋势研究 [J]. 品牌研究，2022（25）：58-61.

[16] 肖国华. 企业经济管理创新思考 [J]. 合作经济与科技，2022（19）：136-137.

[17] 于洁，仲昭明. 经济管理现代化和经济管理发展新趋势 [J]. 商品与质量，2021（30）：235.

[18] 魏勇. 传统经济管理思想对当代经济管理的影响分析 [J]. 经济师，2022（9）：294-295.

[19] 张婷. 国企经济管理现代化和经济管理发展探讨 [J]. 环球市场，2021（16）：12.

[20] 张淑英. 传统经济管理思想对当代经济管理实践的启示 [J]. 商品与

质量，2021（8）：283.

[21] 邓婕．医院经济管理策略及方法分析 [J]．现代经济信息，2023（21）．

[22] 于忠旭．企业经济管理中资金管控的运用 [J]．现代企业文化，2023（18）：29-32.

[23] 付云琦．浅谈企业经济管理的现状与问题分析 [J]．商业观察，2023（25）：77-80.

[24] 李璐璐．国有企业经济管理目标及实现途径 [J]．大众投资指南，2023（11）：44-46.

[25] 张馨月．现代企业经济管理存在的问题与对策 [J]．商场现代化，2023（18）：98-100.

[26] 易玲．浅议经济管理现代化和经济管理发展新形势 [J]．科学与信息化，2021（8）：169.

[27] 李芳．经济管理现代化和经济管理发展新趋势探讨 [J]．经济与社会发展研究，2021（8）：8.

[28] 申浩宇．现代企业经济管理实践研究 [J]．现代企业文化，2023（9）：65-68.

[29] 徐晓娇．资金管控在建筑经济管理中的运用 [J]．现代经济信息，2023（20）．

[30] 翟莉．高校经济管理的发展和展望 [J]．环球市场，2021（19）：6,14.

[31] 朱永生．农业经济管理的现状与发展分析 [J]．新农民，2023（2）：13-15.

[32] 李亭洁. 农业经济管理优化探究 [J]. 广东蚕业，2021（6）：108-110.

[33] 邹德威. 北京交通大学技术经济及管理学科介绍 [J]. 技术经济，2021（6）：2.

[34] 李爱霞. 加强农村经济管理的措施 [J]. 消费导刊，2021（3）：270.

[35] 张林成. 高速公路经济管理体制创新研究 [J]. 大众标准化，2023（2）：54-56.

[36] 许玉春. 经济管理现状分析与创新经济管理的措施 [J]. 经济与社会发展研究，2021（1）：90.

[37] 牛达满. 关于强化创新企业经济管理的途径 [J]. 活力，2023（1）：196-198.